LECCIONES DE VUELO

122 ESTRATEGIAS PARA EQUIPAR A TU HIJO PARA REMONTARSE EN LA VIDA CON HABILIDAD Y SEGURIDAD

DR. GREGG STEINBERG

LECCIONES DE VUELO

122 ESTRATEGIAS PARA EQUIPAR A TU HIJO PARA REMONTARSE EN LA VIDA CON HABILIDAD Y SEGURIDAD

DR. GREGG STEINBERG

GRUPO NELSON
Una división de Thomas Nelson Publishers
Desde 1798

NASHVILLE   DALLAS   MÉXICO DF.   RÍO DE JANEIRO   BEIJING

A TODOS LOS PADRES Y LAS MADRES
QUE QUIEREN AYUDAR A SUS HIJOS
A ALCANZAR LA GRANDEZA

Contenido

PARTE 4 VALENTÍA EMOCIONAL: NO TENGAS MIEDO

PARTE 5 IMPULSO EMOCIONAL: ¡PONTE EN MARCHA!

PARTE 6 BALANCE EMOCIONAL: ENCUENTRA TU PAZ

Reconocimientos

El escribir este libro ha sido una experiencia maravillosa y no habría sido posible sin la ayuda de algunas personas excepcionales en mi vida.

Quiero agradecer a Pamela Clements de Thomas Nelson por entender mi visión y creer que tenía la «materia» adecuada. Soy bendecido por tenerla como amiga, admiradora y editora. Es un honor estar asociado con ella y la gente de Thomas Nelson, quienes, creo que, son los líderes espirituales en el plano de la palabra escrita.

También quiero dar las gracias a mis perspicaces editoras Jennifer Greenstein y Sara Henry de Thomas Nelson. Les agradezco por todo el tiempo y el esfuerzo que invirtieron en este libro. Llevaron el manuscrito al siguiente nivel e hicieron que mis palabras volaran muy alto.

Quiero también reconocer a todos los jugadores y los padres con quienes he trabajado por los pasados quince años. He aprendido tantísimo de ustedes y he tratado de compartir muchas de nuestras experiencias en este libro.

Y por último, quiero agradecer a Beatrice J. Steinberg, quien es el modelo perfecto para las lecciones que este libro enseña. Tú infundiste en mí la creencia de que todo es posible. Soy realmente bendecido por haber sido criado por una madre que atesoró mi visión en su corazón y ayudó a guiarme por todos los senderos correctos.

DOMINA TUS EMOCIONES, DOMINA TU MUNDO

En un proverbio amerindio, un padre le dice a su hijo sobre la batalla que se libra en la cabeza de todo el mundo. El padre dice: «Hijo mío, la batalla es entre dos lobos dentro de todos nosotros. Uno es débil. Los celos, la distracción, la amargura, el lamento, la arrogancia, la inferioridad, el temor, la autocompasión. El otro es fuerte. Es la alegría, el amor, la esperanza, el enfoque, la gentileza, la compasión, la seguridad propia, la paz mental».

El hijo pensó en esto por un minuto y luego le preguntó a su padre: «¿Cuál de los lobos gana?» El padre simplemente respondió: «El que alimentes».

Algunos padres saben instintivamente cómo ayudar a sus hijos a alimentar al lobo «fuerte». Earl Woods era un ejemplo. Entrenado por la milicia, en fortaleza física como en la mental, Earl hizo pasar a su hijo, Tiger, por lo que él llamaba la «escuela de los últimos retoques». Aplicó al juego de golf del joven Tiger algunos de los ejercicios que descubrió en la milicia. Earl gritaría: «¡Fuera de los límites a la derecha!», justo a la mitad del movimiento hacia atrás del palo de golf. O Earl sugeriría alguna sacudida de último minuto en medio de un movimiento en progreso. Earl también le dio a Tiger una palabra de seguridad, «basta», la que podría detener el hostigamiento. Pero Tiger no usó su palabra de seguridad ni una sola vez; por el contrario, sólo sonreía mientras su padre trataba de fortalecer sus destrezas. Hoy día muchos expertos consideran que Tiger es el atleta mejor dotado mentalmente en todo el mundo.

Lamentablemente, muchos padres no son como Earl Woods. Carecen del conocimiento o las destrezas para ayudar a sus hijos a alimentar el lobo «fuerte». Sin darse cuenta, hasta podrían ayudar a alimentar el lobo «débil».

La mayoría de los padres desean que sus hijos alcancen su potencial, así como tener éxito en la vida, pero no saben ninguna estrategia específica para lograr esas metas. Este libro está dedicado a estos padres.

Lecciones de vuelo ayuda a los padres a sacar el mayor provecho de emociones clave en sus hijos. El poder del éxito viene de nuestras emociones. Nuestras emociones accionan el motor. Sí, la tenacidad mental es vital y nuestro pensamiento guía nuestras emociones, pero a fin de cuentas, son nuestras emociones las que controlan la ejecución. Si nos sentimos nerviosos, tristes o indiferentes, típicamente nuestra ejecución sufrirá. Por otro lado, si nos sentimos con energía, calmados y alegres, nuestras ejecuciones se remontan a las alturas. Cuando exhibimos emociones efectivas, la posibilidad de éxito aumenta considerablemente.

Este principio, sin embargo, no es una creencia nueva. Los antiguos griegos usaron el término *sophrosyne* para describir la destreza para valorar la fortuna y el desastre bajo la misma luz. Ellos creían que cualidades tales como el dominio de sí mismo y el autocontrol trascenderían en el tiempo como elementos esenciales para una vida próspera. Hoy día, sabemos que el éxito no depende tanto de la habilidad sino de la inteligencia emocional. Los individuos que han dominado con maestría sus emociones tienen una ventaja definitiva sobre la competencia.

Lecciones de vuelo enseña a los padres el programa de fortalecimiento y mantenimiento emocional. Las emociones deben ser continuamente desarrolladas, así como cultivadas, para una vida exitosa. El programa de fortalecimiento y mantenimiento emocional se compone de seis fortalezas emocionales claves:

1. Conciencia emocional: Tenemos que estar conscientes de cuáles son las emociones que hacen aflorar nuestro mejor y también nuestro peor desempeño. También necesitamos conocer nuestras fortalezas para así poder desarrollar nuestra visión.

2. Preparación emocional: La confianza viene de nuestra preparación. Cuando estamos emocionalmente preparados, estamos listos para cualquier situación. Para ser exitosos, necesitamos planificar para lo mejor pero prepararnos para lo peor.

3. Conexión emocional: Tenemos que estar totalmente comprometidos con el proceso así como con el momento. Una vez estamos absolutamente involucrados, la vida se vuelve mucho más dulce.

4. Valentía emocional: Tenemos que superar nuestros miedos al rechazo, así como también el temor de parecer tontos. El éxito se deriva de la capacidad de enfrentar nuestro temor sin rodeos y permitir que esto nos catapulte al siguiente nivel.

5. Impulso emocional: El éxito requiere acción y la acción exige una energía ilimitada. Tenemos que «arrancar» para alcanzar nuestra excelencia.

6. Balance emocional: El bamboleo de emociones puede sacarnos de sintonía con nosotros mismos y con el ambiente que nos rodea. Tener balance nos da bienestar y paz mental.

Estas seis fortalezas emocionales crean la estructura para este libro. Aunque estas fortalezas son interdependientes, el lector no tiene que seguirlas en ningún orden específico. (No obstante, conciencia emocional es un buen punto de partida.) Los padres pueden ir a la sección que entiendan sea la más beneficiosa para su hijo o hija.

Cada sección incluye una serie de capítulos cortos pero entretenidos. Un antiguo adagio dice: «Dame un dato y lo aprenderé. Dime una verdad y la creeré. Pero, cuéntame una historia y vivirá por siempre en mi corazón». Cada capítulo contiene muchas historias de personas exitosas. Permite que esas historias vivan en el corazón de tus hijos. No sólo lee los capítulos, sino que también comparte estas historias con tus hijos en cada oportunidad disponible.

Los capítulos son mucho más que sólo narraciones divertidas. Cada capítulo concluye con actividades prácticas que aplican los conceptos del capítulo a diferentes situaciones. Los niños aprenderán más efectivamente dentro de un marco interactivo, así que muchas de las actividades involucran a los padres y al niño. La mayoría de los ejercicios son útiles para todas las edades. Sin embargo, algunos de ellos funcionan mejor con niños pequeños, mientras que otros son más apropiados para adolescentes. Los padres pueden decidir fácilmente cuales ejercicios se ajustan mejor a las necesidades de sus hijos. Lo que es más importante, los padres no tienen que obligar a los hijos a hacer estos ejercicios. Estas actividades deben cautivar a sus hijos simplemente porque son divertidas.

Como todas las experiencias óptimas, *Lecciones de vuelo* hace más que sólo enseñar sobre fortaleza emocional y cómo ser exitoso: fomenta el desarrollo del carácter. Este libro ayuda a inculcar valores tales como: el espíritu deportivo, la integridad y otros principios importantes. La aspiración del autor es que los niños actúen como campeones en cualquier escenario.

PARTE 1

CONCIENCIA EMOCIONAL: CONÓCETE A TI MISMO

En primer lugar, los campeones saben quiénes son. Conocen cuales son las emociones que propulsan sus motores. Los campeones también saben qué les causa asfixia, así como qué provoca que tengan su mejor ejecución. Individuos como Muhammad Ali han aprendido a utilizar su intensidad y convertirla en una fuerza ganadora. Sabía como energizarse antes de entrar al cuadrilátero, una destreza esencial para un boxeador.

Tener conciencia emocional puede ayudar a las personas a desarrollar un plan de acción que les guíe en la jornada de la vida. Los ganadores saben quienes son, a dónde quieren llegar y qué se necesita para llegar allí. Christopher Reeve fue uno de esos individuos que desarrolló una visión basada en sus talentos y necesidades. La visión de Reeve era encontrar una cura para las lesiones de la médula espinal y esto guiaba cada una de sus acciones.

¿Está tu hijo(a) consciente de sus fortalezas y sus verdaderos talentos? ¿Sabe cómo usarlos? ¿Sabe qué provoca que tenga su mejor ejecución? ¿Qué causa que su ejecución sea pobre? ¿Ha escogido tu hijo su derrotero?

La siguiente sección enseña a los niños a encontrar una visión basada en el principio de la conciencia de sí mismo. Una vez tu hijo tenga un plan basado en su «yo» verdadero, los pasos de la travesía son fáciles.

Descubre tu visión

Mientras manejaba desde Nueva York hacia el entrenamiento de primavera, el famoso beisbolista y dirigente Yogi Berra y su esposa estaban terriblemente retrasados. Llevaban manejando toda la noche y la esposa de Yogi se quedó dormida. Para ganar algo del tiempo perdido, Yogi tomó un trecho que eventualmente se convirtió en una carretera sin pavimentar, con más tierra que «carretera». Su esposa se despertó de repente, bastante sobresaltada, y le dijo: «Cariño, me parece que estamos perdidos». Yogi, siempre dotado con perlas de sabiduría, contestó: «Claro que sí, pero estamos avanzando bastante».

Sin visión, tal vez llegues a algún sitio, pero lo más probable es que sea a «algún sitio» al que no quieres llegar. Sin embargo, una vez descubres tu visión, esta se convierte en el letrero de neón que te guía a la senda correcta.

Visión es lo que llevó a Christopher Reeve al éxito, así como a inspirarlo a través de sus tragedias. Cuando comenzaba su carrera de actor, obtuvo uno de los papeles más codiciados en la década de los setenta: Superman. Su ascenso a la fama fue vertiginoso y desempeñó muchos otros papeles que lo propulsaron a la cima de la industria en Hollywood.

Entonces ocurrió la tragedia. Durante una competición ecuestre, su caballo se detuvo antes de un salto y Reeve se cayó. Como resultado de la mala caída, se rompió una vértebra a la altura del cuello. La lesión fue tan severa que quedó paralizado desde el cuello hacia abajo. Ni siquiera podía respirar sin un ventilador.

Pero Christopher Reeve no se dio por vencido. Acordándose de los grandes visionarios a los que admiraba (incluyendo al Presidente Franklin D. Roosevelt, quien retó a la comunidad científica para que encontraran una vacuna para la polio durante su presidencia), Reeve decidió hacer su propia declaración visionaria. A los cuarenta y tres años, Reeve dijo que se pondría de pie y haría un brindis en su fiesta de cumpleaños número cincuenta.

Esta visión guió cada una de sus movidas. Incansablemente dictó charlas por todo el mundo en las que animaba al público a donar dinero para la investigación sobre la médula espinal. Era un hombre dedicado a ayudar a encontrar una cura.

Lamentablemente, para su cumpleaños número cincuenta la investigación no había progresado lo suficiente como para que pudiera pararse y hacer un brindis con sus amistades y familiares. Más triste aún fue su muerte a los cincuenta y dos años a consecuencia de un ataque cardíaco. Pero su recuerdo es la inspiración que estimula a muchos a continuar su visión.

¿Acaso no sería maravilloso que tus hijos tuvieran una visión tan poderosa como la de Christopher Reeve que guíe sus acciones diarias? ¿No sería estupendo que la vida de tus hijos estuviera motivada por un sueño que le diera dirección? ¿Y qué si tu hijo pudiera tener un propósito que cree una energía sin límite?

La mayoría de los padres quiere que sus hijos tengan una visión poderosa para sus vidas en lugar de ir a la deriva mientras crecen. No obstante, este tipo de guía es una de las tareas más difíciles para los padres. Las actividades que siguen pueden ayudar a tu hijo a desarrollar una visión, así como a encontrar el derrotero de su vida.

➡ Elabora una declaración de propósito

Hace casi cuatrocientos años, John Donne escribió: «La muerte de cualquier hombre me empequeñece porque soy parte de la raza humana; así que nunca envíes a un mensajero para saber por quién tocan las campanas; suenan por ti».

Hoy día, muchas personas están preocupadas por «devolverle algo» a la sociedad. Uno de ellos es el entrenador Joe Paterno de Penn State. Él es uno de los entrenadores de fútbol colegial americano más exitosos de todos los tiempos. El entrenador Paterno usualmente tiene una temporada ganadora, y por lo tanto ha tenido muchas tentaciones y recibido muchas ofertas para irse y ganar más dinero.

En 1972, Paterno estaba contento en Penn State pero ganaba sólo $35.000 anuales. Entonces recibió la llamada. Bill Sullivan, el presidente y dueño mayoritario del equipo New England Patriots, le ofreció a Paterno más de un millón de dólares si entrenaba a su equipo. También se convertiría en codueño del equipo y recibiría un bono de $100.000 por firmar el contrato. Aun en los estándares de hoy día, eso es mucho dinero y un excelente contrato.

Sin embargo, Paterno rechazó el fantástico contrato. Entendió que no era el dinero lo que lo motivaba. Le encanta ganar, pero cree en algo mayor que las victorias en el campo de fútbol. Su propósito en la vida es ayudar a jóvenes adultos tanto en su disciplina personal como en su desarrollo educativo. Esta declaración de propósito ha sido su faro por más de cuarenta años.

Para ayudar a tu hijo a descubrir su senda, pídele que escriba su propia declaración de propósito. Una declaración de propósito es una afirmación sobre lo que él o ella cree que le daría significado a su vida. He aquí algunas preguntas para guiar a tu hijo:

- ¿A quién admiras? ¿Por qué?
- ¿Cuáles han sido algunas de las contribuciones más grandiosas a nuestro mundo?
- ¿Qué percibes como cosas con sentido?
- ¿Dónde te visualizas en cinco años? ¿Diez años? ¿Veinte años?
- ¿Qué contribuciones te gustaría hacer al mundo?

➡ Encuentra tus valores

«No quiero tener las cosas más finas en la vida», escribió Martin Luther King, Jr. «Todo lo que quiero es dejar atrás una vida comprometida». Martin Luther King, Jr. valoraba una vida comprometida, una vida dedicada a ayudar a otros a ganar sus derechos civiles.

¿Qué valora tu hijo?

Pídele que haga una lista de sus valores. La lista puede incluir deportes, derechos civiles, escribir y hablar bien, dinero. No juzgues lo que escribe, mas bien permite que haga su propia lista.

➡ Descubre dirección hacia una carrera profesional

Ahora que hijo(a) ha completado dos tareas esenciales (escribir una declaración de propósito y hacer una lista de sus valores), los pasos para descubrir su senda se volverán aparentes. Y lo que es más importante, estos dos ejercicios pueden ayudar a tu hijo(a) a escoger su campo de especialidad universitaria y seleccionar una profesión significativa. (Aunque esta actividad puede usarse a cualquier edad, puede que sea más apropiada con adolescentes.)

Primero, pídele a tu hijo(a) que escriba cuatro especialidades en estudios universitarios o programas de entrenamiento que él o ella considere seguir, tales como sicología, administración comercial o arte. Luego pídele que escriba cinco posibles profesiones que llamen su atención, tales como consejería, ventas o diseño de interiores.

Luego, discutan cómo sus alternativas (tanto en el área de estudio como para su carrera) están a tono con su propósito y sus valores. Las especialidades y las profesiones que se asocian fácilmente son las alternativas más apropiadas. Si una lleva a la otra, sin ninguna dificultad, entonces son excelentes opciones. Por ejemplo, si tu hijo valora la compasión, entonces ser consejero estaría fácilmente a tono con esto. O si tu hija valora la creatividad, entonces ser artista o diseñadora de interiores le quedaría muy bien.

Por el contrario, aquellas alternativas que tienen que flexionarse o empujarse para que se ajusten con el propósito y los valores de tu hijo(a), deben abandonarse porque no van a funcionar a largo plazo. Por ejemplo, si tu hijo valora la riqueza material, es posible que ser maestro no le funcione. Como regla general, los maestros no reciben un salario alto en comparación con otras profesiones. Aunque el magisterio es una profesión noble, puede ser problemática a largo plazo para alguien que quiere ganar mucho dinero.

Una vez tu hijo(a) ha identificado lo que es esencial para él o ella, su senda se volverá evidente.

2

Encuentra tu zona

Sally se sentía nerviosa aunque muy bien preparada para el concurso de «investigador joven» en su escuela. Ganar este concurso significaría obtener $500 dólares encaminados a una beca universitaria.

Sally había investigado su nueva idea durante todo el verano. Sally estaba fascinada con el temor que mucha gente siente en nuestra sociedad hacia el número trece. Había leído en un libro que este temor, la triscaidecafobia o el miedo patológico hacia el número trece, tiene sus raíces en la Última Cena. Había doce apóstoles en la Última Cena: Jesús era la treceava persona a la mesa. En lo sucesivo, la gente ha creído que las malas noticias están asociadas con ese número en particular.

Tan pronto comenzó su presentación, su nerviosismo desapareció. Aunque estaba haciendo la presentación ante sus compañeros y muchos de sus profesores, la invadió un sentido de tranquilidad. Mientras hablaba, cada palabra salía con claridad. Las oraciones parecían brotar de su boca sin ningún problema. Aunque le pareció que la exposición había durado sólo un minuto, realmente habló por doce. Disfrutó muchísimo la experiencia y no quería que terminara.

Sally estaba experimentando «su zona». Alguna gente lo llama una «experiencia máxima», mientras que otra la nombran el «fluir». De cualquier forma, esta zona es ese lugar mágico donde todo parece estar bien, un lugar que anhelamos pero que rara vez alcanzamos. Todo atleta, estudiante, músico y empresario ansía desempeñarse mientras está en la «zona».

Los atletas describen la zona con una entonación mística. Lance Armstrong, el famoso ciclista, dijo que cuando encuentra la zona, la bicicleta es una extensión de su cuerpo. Magic Johnson, el reconocido jugador de baloncesto de los Lakers, decía que cuando encontraba la zona, todo el mundo en la cancha se movía en cámara lenta con excepción de él. Barry Bonds, el rey de los cuadrangulares, proclama que la bola se ve más grande y las costuras más claras cuando entra en la zona.

La zona se da en todos los escenarios. El magnate de bienes raíces, Donald Trump dice que cuando las cosas salen bien en una negociación comercial, entra en la zona. Los escritores también pueden entrar en la zona. Cuando esto ocurre, las historias parecen escribirse por sí mismas y sin mucho esfuerzo. Los maestros dicen que están en la zona cuando sus estudiantes les escuchan cada una de sus palabras con mucha atención.

Claro está, los padres quisieran ayudar a sus hijos a encontrar este estado con la mayor frecuencia posible. Si bien no existe ningún secreto para encontrar la zona, un detalle crucial es la conciencia de sí mismo. Los niños necesitan estar conscientes qué factores contribuyeron para que alcanzaran la zona. Una vez las descubre, necesitan reproducir esas conductas y esos pensamientos. Entonces aumentan sus posibilidades de encontrar otra vez la zona. Los siguientes ejercicios les muestran a los padres cómo llevar a alcanzar a sus hijos este escurridizo estado con la mayor frecuencia posible.

▷ Conócete a ti mismo

De la misma manera que Shakespeare escribió «conócete a ti mismo», nuestros hijos necesitan saber qué factores les llevaron previamente a estar «en la zona».

Para ayudar a tu hija a desarrollar un mejor sentido de percepción, pídele que describa una experiencia previa en la que su ejecución fue óptima (estar en la zona). Si nunca ha tenido este tipo de experiencia, pídele que te describa un momento en el que haya tenido un buen desempeño. Esta experiencia puede ser en música, deportes o en la escuela. Pídele que primero escriba el día y el lugar del evento. Luego pídele que conteste estas preguntas guía:

- ¿Hiciste algo especial antes de este evento? (¿Tomaste un buen desayuno? ¿Te preparaste mucho para esta ocasión? ¿Era este evento realmente importante para ti?)
- ¿Cuáles eran tus sentimientos durante el evento? (¿Estabas emocionada? ¿Nerviosa? ¿Te sentías con mucha energía?)
- ¿Qué pensabas durante el evento? (¿Te sentías confiada? ¿Te sentías insegura?)

- ¿Se dieron algunas circunstancias especiales durante el evento? (¿Estabas sola? ¿Había audiencia? ¿Te estaba gritando el entrenador?)

Estas preguntas sirven de guía para que tu hija encuentre nuevamente sus experiencias de zona. De hecho, como resultado de este ejercicio, ella puede haber descubierto que entra en «la zona» cuando su nivel de confianza es alto y está tranquila, pero energizada. Estos factores, entonces, deben ser reproducidos cuando tu hija quiera encontrar la zona.

➡ Descubre porqué te asfixiaste

No sólo necesitamos conocer qué nos hace desempeñarnos óptimamente, sino que también necesitamos descubrir qué contribuye a nuestras peores experiencias. Algunas personas le llaman a esto una experiencia de asfixia.

Para ayudar a tu hija a evadir la asfixia lo más frecuentemente posible, pídele que recuerde un momento de desempeño pobre. Pídele que te describa el evento. Luego, hazle preguntas muy parecidas a las de la experiencia de zona pero relaciónalas a una experiencia de asfixia.

- ¿Hiciste algo especial antes de este evento? (¿Tomaste un buen desayuno? ¿Te preparaste mucho para esta ocasión? ¿Era este evento realmente importante para ti?)
- ¿Cuáles eran tus sentimientos durante el evento? (¿Estabas emocionada? ¿Nerviosa? ¿Te sentías con mucha energía?)
- ¿Qué pensabas durante el evento? (¿Te sentías confiada? ¿Te sentías insegura?)
- ¿Se dieron algunas circunstancias especiales durante el evento? (¿Estabas sola? ¿Había audiencia? ¿Te estaba gritando el entrenador?)

Estas preguntas sirven de guía para que tu hija sepa qué pensamientos y sentimientos debe evitar. Por ejemplo, tal vez su peor desempeño se da cuando está nerviosa, no se ha preparado bien y el evento no le importa mucho. Estos factores, entonces, deben evitarse y estas emociones deben reemplazarse por unas más positivas.

➡ Desarrolla un diario de «experiencias de zona»

La experiencia de estar «en la zona» es única para cada persona. Quizás tu hijo necesita sentirse energizado, mientras que tu hija necesita mantenerse en calma. Cada individuo necesita crear su guía personal para entrar en la zona.

El ejercicio «Conócete a ti mismo» en la página 8 se concentra en concientizarnos de la experiencia de zona en sólo un evento. Aunque eso es vital, debes pedirle a tu hijo(a) que comience un diario de «experiencias de zona». Este diario se enfoca en diversas experiencias de desempeño óptimo.

Compra un cuaderno pequeño, como de tres por seis centímetros, y pídele a tu hijo(a) que escriba todas las experiencias de estar en la zona que tenga, por un período de un año. Cada vez que esté «en la zona», debe registrar el día y el lugar del evento. Además, pídele que escriba los pensamientos y sentimientos asociados con cada uno de los eventos.

Este diario tiene muchos beneficios. Primero, ayuda a revelar cualquier patrón en las experiencias de zona de tu hijo(a). Segundo, cuando tu hijo(a) no esté teniendo un buen desempeño o sencillamente no se esté sintiendo bien con relación a su juego o destreza, puede ir a su diario para una rápida motivación mental. Aunque este cuaderno sólo te costará unos centavos, valdrá su peso en oro. (¡Tal vez oro olímpico algún día!)

3

Desarrolla tus fortalezas

Frank jugaba béisbol maravillosamente. Jugaba primera base en el equipo de escuela secundaria y era de los mejores bateadores. Con aspiraciones de jugar en las Grandes Ligas, Frank pensó que se encaminaba a alcanzar su sueño. Al inicio del undécimo grado, Frank comenzó a notar un cambio en su vista: su visión periférica estaba disminuyendo. Las malas noticias llegaron cuando el médico le dijo que padecía *retinitis pigmentosa* y que eventualmente perdería su visión por completo.

Aquel día llegó a finales de mayo en su penúltimo año de secundaria. Deprimido y amargado, Frank quería retirarse de la secundaria y de la vida. Pensaba que sin su vista valía menos como persona.

El padre de Frank, sin embargo, sabía más que eso y le dijo a su hijo: «Frank, cuando disminuye alguna de nuestras fortalezas, nuestro cuerpo se adapta y ganamos en muchas otras maneras. Tendrás nuevas fortalezas en otras áreas antes desconocidas para ti». Y añadió: «Hijo, eres un excelente atleta, así que usa tus habilidades en un deporte que no requiera de la visión, algo como la lucha».

Frank escuchó a su padre e hizo la prueba para el equipo de lucha en su último año de secundaria. Descubrió que ciertamente sus otros sentidos se habían vuelto más agudos, especialmente su sentido del tacto, el cual es esencial en la lucha. Con mucha determinación y esfuerzo, Frank canalizó sus fortalezas recién descubiertas en ser un gran adversario en este deporte, y logró llevar a su equipo al campeonato local ese mismo año.

Las buenas noticias son que todos somos únicos y todos tenemos fortalezas únicas. Al igual que Frank, sólo necesitamos estar conscientes de nuestras fortalezas y usarlas en el momento apropiado. Una vez que encontramos nuestros puntos fuertes y los usamos correctamente, ganamos una decisiva ventaja sobre nuestra competencia.

Lance Armstrong usó su estilo agresivo en momentos clave durante el Tour de Francia y, como resultado, ganó la competición más importante en el ciclismo mundial por siete años consecutivos. Al principio, su actitud al estilo «siempre agresivo y desafiante» sólo le funcionó en sus primeros años cuando competía en eventos de uno o dos días. Lance sabía que no podría usar ese estilo en una competición de larga distancia como el Tour de Francia, sino que tenía que enfatizar su fortaleza en momentos clave en la carrera.

Todos los participantes del Tour de Francia reciben una biblia del Tour, una guía que muestra cada etapa del trayecto con descripciones de la ruta. Con esto como su guía, Lance creó un plan que le permitía mantenerse cerca de los que iban al mando pero también le permitía usar su poder explosivo cuando era necesario. Desarrolló un plan que armonizara con sus geniales talentos, y esto le ayudó a llegar a ser el mejor ciclista de todos los tiempos.

En ocasiones, nuestras fortalezas se revelan por sí mismas a raíz de nuestras adversidades. Algo así fue lo que le ocurrió a uno de los productores más importantes de Hollywood. Stephen J. Cannell la pasó muy mal en el colegio. No podía leer ni comprender tan bien como sus compañeros. Podía pasar cinco horas estudiando con su mamá para un examen y aún así reprobarlo. Stephen concluyó que no era inteligente.

En lugar de enfocarse en las tareas escolares, Stephen decidió invertir su energía en lo que sí era bueno: el fútbol americano. Dirigiendo todo su esfuerzo hacia el fútbol, ganó honores como corredor defensivo en cancha ofensiva (*running back*). Del fútbol aprendió que su fortaleza dependía del esfuerzo que invirtiera. Para que Stephen alcanzara la excelencia, necesitaba enfocar todas sus energías hacia la excelencia en esa tarea particular.

Más adelante en su vida fue capaz de transferir esta fortaleza de esfuerzo aplicado a su carrera profesional, que irónicamente resultó ser la redacción de libretos para la televisión. Eventualmente, estableció su propio estudio de producción donde creó y produjo cientos de libretos para programas televisivos muy exitosos, como *Baretta* y *The Rockford Files*.

Los padres deben seguir el ejemplo de Frank, Lance y Stephen: provoquen que sus hijos usen sus fortalezas lo más que puedan. Martin Seligman, uno de los psicólogos más reconocidos en el mundo, apoya la idea de que los niños usen sus fortalezas distintivas, y dice que los individuos que pueden usar sus fortalezas no sólo serán más exitosos, sino también más felices. Los ejercicios que siguen a continuación ayudan a los padres a enseñar a sus hijos cómo usar en la vida las fortalezas que les distinguen.

Encuentra sus fortalezas distintivas

Primero, pídele a tu hijo(a) que haga una lista de sus cinco fortalezas distintivas. Una fortaleza distintiva es aquello que mejor hacemos, y puede ir desde escribir hasta deportes, hasta ser alguien que sabe escuchar con atención.

Fortalezas:

1. _____
2. _____
3. _____
4. _____
5. _____

Usa tus fortalezas distintivas

De la lista de arriba, pídele a tu hijo(a) que haga una tabla y registre todas las veces que usa sus fortalezas durante un período de dos semanas. Puede que descubran que usa unas fortalezas más que otras. De hecho, puede que no use algunas de sus fortalezas regularmente.

Examina la tabla con tu hijo(a) y discutan los siguientes puntos:

- ¿Usas cada una de tus fortalezas todos los días? ¿Usas cada una de tus fortalezas por lo menos tres veces por semana?
- ¿En qué áreas en el colegio usas tus fortalezas con más frecuencia?
- ¿En qué áreas luego del colegio usas tus fortalezas con más frecuencia?
- ¿Te sentirías más feliz cada día si pudieras usar tus fortalezas con más frecuencia?
- ¿Por qué tus fortalezas son únicas?
- ¿Hay alguna área de especialidad en la universidad o programas educativos que se ajusten perfectamente a tus fortalezas? (si es apropiado para la edad)
- ¿Existe alguna carrera profesional que se ajuste perfectamente a tus fortalezas? (si es apropiado para la edad)

➡ Combina tus fortalezas distintivas

¿Hay situaciones en las que tu hijo(a) pueda combinar sus fortalezas? Si es así, puede que esto acelere su éxito como ocurrió con Roger Bannister.

Allá para el 1954, Roger Bannister era más que un corredor compitiendo por romper la marca de correr una milla en cuatro minutos, también era un sagaz estudiante de medicina. Combinó sus fortalezas y condujo experimentos en su propia fisiología para entender cómo podía alcanzar su mayor rendimiento cardiovascular.

Roger se sometió a una exhaustiva serie de pruebas de estrés en la máquina de caminar, hasta el extremo de desplomarse una y otra vez. Luego, analizó el gas exhalado para ver qué elementos influenciaron su respiración durante el ejercicio. Descubrió que su mayor rendimiento se daba al respirar sesenta y seis por ciento de oxígeno. Roger creía que esta era su fórmula mágica para romper la impenetrable marca de correr una milla en cuatro minutos.

El siguiente paso era implementar los resultados a su entrenamiento. Roger descubrió que podía alcanzar este nivel de oxígeno si corría a un paso constante sin ningún movimiento innecesario. Para lograr esto, mantenía su cabeza balanceada y nivelada, mirando quince yardas hacia adelante en la pista y así estimulaba una técnica de respiración apropiada.

Al combinar sus fortalezas —su habilidad para correr y su mente médica— Roger llegó a ser el primer ser humano en romper la barrera de la milla por tres décimas de segundo.

Regresa otra vez a la lista de fortalezas con tu hijo(a). ¿Acaso tiene fortalezas que pueden combinarse? Por ejemplo, digamos que tu hija es talentosa en la música. Digamos que también tiene destrezas en la cancha de tenis. ¿Puede usar su sentido de ritmo musical en la cancha de tenis?

Un componente esencial del deporte es el ritmo y su talento en la música puede ayudarla al momento del saque y al pasar la bola sobre la malla.

Por otro lado, ¿crees que puede transferir a la música su talento en el tenis? Tal vez ha aprendido ha mantenerse relajada durante esos tensos puntos en la cancha. Ella ha aprendido que sus músculos deben alcanzar cierto nivel de tensión para jugar un buen tenis, pero al mismo tiempo, los músculos tienen que estar relajados. Este mismo conocimiento le permitirá sostener su instrumento con la tensión muscular apropiada. La combinación de fortalezas ayudará a tu hijo(a) a sobresalir en cualquier situación.

No olvides lo básico

Tony Gwynn, considerado uno de los bateadores más puros y naturales de su generación, ganó ocho títulos de bateo. Su promedio de bateo perpetuo de 380 es uno de los más altos de todos los tiempos. Sin embargo, hasta un gran bateador como Tony tuvo que regresar a lo fundamental cuando su bateo se volvió «avinagrado».

Para Tony, regresar a lo básico significó volver a lo rudimentario, literalmente. Volver a las estrategias básicas requirió usar un soporte para colocar la bola y una de esas pelotitas de plástico con ocho perforaciones alargadas que los niños usan para jugar béisbol. Tony creía que el sonido y la rotación de esa pelotita plástica le darían toda la información necesaria para regresar a su óptimo desempeño. Según Tony, si le pegaba correctamente a la pelotita plástica, obtendría un silbido fuerte y rápido mientras esta volaba cortando el aire. Si le pegaba a la pelotita por debajo, entonces giraría demasiado hacia atrás y emitiría un sonido distinto, algo así como una queja. Tony también sabía que si sus manos se movían demasiado rápido hacia adentro, la bola giraría de adentro hacia fuera. Si sus manos tardaban mucho en moverse, la rotación sería de afuera hacia adentro.

Si regresar a lo básico fue esencial para uno de los más grandes bateadores que haya existido, entonces una estrategia como esta debe funcionar cuando tus hijos estén pasando apuros. No obstante, regresar a lo fundamental no sólo se aplica en el deporte. El enfoque en fundamentos clave puede ayudar con la música y el arte, así como en las tareas del colegio. Lamentablemente, muchos de nosotros olvidamos la importancia de recordar lo básico cuando nuestro desempeño va cuesta abajo.

➪ Crea una lista de cotejo mental de lo básico

Haz una lista de cotejo mental para reincorporar lo básico. Por ejemplo, si tu hijo(a) está teniendo dificultades con sus calificaciones, revisen algunos puntos fundamentales para estudiar para los exámenes. Esta lista debe incluir prácticas básicas tales como:

1. Lee el capítulo... no lo hojees.
2. Subraya los puntos clave del capítulo.
3. Haz anotaciones relacionadas con los puntos clave en el capítulo.
4. Relee las notas subrayadas, así como las notas del libro.
5. Reparte el tiempo de estudio entre varias noches antes del examen... no dejes todo para última hora.

También puedes hacer una lista de puntos básicos para tomar pruebas. Esta lista podría incluir:

1. Relájate antes del examen (si tienes tiempo).
2. Siempre sigue tu primer instinto cuando estés contestando preguntas de selección múltiple.
3. No dejes nada en blanco.
4. Coteja tus respuestas.

Conversa con tu hijo(a) sobre cuáles de los puntos fundamentales faltan en sus hábitos de estudio y de tomar exámenes. Tal vez comenzó el año siguiéndolos todos, pero los ha ido descuidando según el semestre avanza. La práctica consistente de estos principios básicos hará que tu hijo(a) esté sólido como una roca cuando llegue el momento de tomar la prueba.

Transforma las debilidades en ventajas

Teodoro Roosevelt es el único presidente del siglo veinte cuyo rostro está esculpido en el Monte Rushmore. Roosevelt rehizo a Estados Unidos. Eliminó monopolios comerciales, firmó el *Pure Food and Drug Act* [Ley para Alimentos y Drogas Puras] y promulgó leyes que promovían la seguridad industrial. También amaba el ambiente y se convirtió en el primer presidente en abogar por las causas del medio ambiente. Cuando recordamos imágenes de T.R., pensamos con frecuencia en un hombre que peleó con pasión por los derechos del ciudadano común y corriente.

Sin embargo, T.R. no siempre fue alguien lleno de fuerza y pasión. Cuando niño no mucha gente lo habría descrito como alguien promisorio. Para cuando comenzó a caminar, padecía de asma y esto eclipsaba todo lo que hacía. Teodoro estaba tan delicado de salud que sus padres decidieron educarlo en la casa mucho antes de que existiera un nombre para este tipo de programa educativo (*homeschooling*). Cuando tenía la oportunidad de salir a jugar afuera, los otros niños lo intimidaban debido a su diminutivo tamaño y debilucho cuerpo.

No obstante, la fragilidad de Teodoro cuando niño resultó ser el ímpetu para su carisma y consistente vida. Su padre lo amaba y sabía que el muchacho necesitaba cambiar su apariencia física. Llevó a Teodoro a adoptar una vida de ejercicio vigoroso para hacer una nueva versión de sí mismo fuerte y musculosa.

El joven Teodoro prometió comenzar una nueva etapa en su vida y desarrollar su cuerpo. Y lo hizo con deportes y actividades al aire libre. Se convirtió en un impetuoso campeón de un estilo de vida activo. Boxeaba y levantaba pesas mucho antes de que estuviera de moda hacer ejercicios y visitar el gimnasio. Roosevelt pasaba muchísimo tiempo al aire libre y no miraba con buenos ojos a nadie que fuera sedentario y no tuviera entusiasmo por la aventura.

Roosevelt asumió esta filosofía en todas las áreas de su vida. Tal vez esta actitud recién descubierta le llevó a su famoso ataque en la Batalla de San Juan Hill con los *Rough Riders*, batalla que le ayudó a llegar a la Casa Blanca.

➡ Juega tus barajas

Al igual que con Teodoro Roosevelt, algunas veces las debilidades pueden convertirse en fortalezas con la guía apropiada de los padres.

Primero, tienes que reconocer las debilidades de tu hijo(a). Voltaire, el famoso filósofo francés, comparó la vida a un juego de barajas: todos tenemos que aceptar las barajas que nos reparten.

¿Cuáles son las cartas que le tocaron a tu hijo(a)?

Pídele a tu hijo(a) que haga una lista de cinco debilidades que estén bloqueando su rendimiento.

Luego, discutan cómo algunas de esas debilidades pueden transformarse en posibles fortalezas. Tal vez a tu hijo le gusta «estar en Babia» y esto puede afectar su desempeño escolar. Sin embargo, puede tener excelentes destrezas de visualización que pueden transformarse en cierta forma de destreza artística.

Quizás a tu hija le encanta discutir contigo, esté o no en lo correcto. Le fascina la confrontación. Si bien eso puede ser un obstáculo para algunas relaciones, su actitud argumentativa puede ser una potente arma si se convierte en litigante. Es posible que tu hijo tenga un alto nivel de energía. Esta «gran cantidad de energía» puede causar que esté excesivamente inquieto en clase, provocando el regaño de sus maestros. Sin embargo, toda esa energía puede convertirlo en una bola de fuego en un campo de balompié.

6

ENCIENDE TU LLAMA

En su imitación con acento austriaco, el infame dúo Hans y Franz del programa televisivo *Saturday Night Live* diría: «¡Nosotros sí que vamos a hacer que te ejercites!» Y aunque es una referencia a los músculos, también nosotros necesitamos ejercitar nuestra mente con intensidad en momentos clave. Muchas situaciones requieren altos niveles de energía para ser exitosas. Uno de esos escenarios es el boxeo, y la historia de Muhammad Alí ilustra cómo manejó sus emociones para lograr su mejor desempeño.

Mucho antes de ser campeón peso completo del mundo, Muhammad Alí creció en la pobreza en Louisville, Kentucky. Un verano, cuando era joven, vio una bicicleta azul en una tienda. Quería aquella bicicleta desesperadamente, pero su familia no tenía los recursos para comprarla. Para pagar por la bicicleta, Ali consiguió un trabajo empacando cajas en un supermercado local. Trabajó todo el verano y finalmente tuvo suficiente dinero para comprar la bicicleta azul. Tan pronto compró su bicicleta, se paseó por todo Louisville, luciéndola ante su familia y amistades. Justo al día siguiente estacionó su bicicleta al frente del supermercado y entró a trabajar. Cuando terminó, descubrió que alguien le había robado la bicicleta. Buscó la bicicleta por todas partes pero nunca encontró ni descubrió quién se la había robado.

Pero Alí tenía una mentalidad de campeón y dirigió esa energía negativa hacia un nivel de intensidad ganadora. Cada vez que entraba al cuadrilátero de boxeo, Alí señalaba a su oponente y decía: «¡Tú fuiste el que robó mi bicicleta!»

Las «estrellas» al momento de la ejecución saben cómo encender su llama interna. Esa llama interna también se conoce como tu nivel de intensidad y tiene que estar en el rango adecuado para que te ayude a desempeñarte lo mejor posible. Una analogía práctica es cuando enciendes una llama en la estufa cuando calientas una sopa. Si la llama está muy baja, pasará mucho tiempo para que la sopa se caliente. Si está muy alta, la sopa comenzará a hervir muy rápido y tal vez se queme o se desborde por los lados de la cacerola. Para calentar la sopa más efectivamente, necesitas ajustar la llama al nivel apropiado.

Si tu hijo frecuentemente comienza muy despacio, su llama está muy baja. Algunas indicaciones de ser un iniciador lento serían jugar pobremente los primeros hoyos en un torneo de golf, perder consistentemente el primer *set* al jugar tenis, contestar incorrectamente las primeras preguntas en un examen y ejecutar algo desafinadas las primeras notas en un recital.

Al contrario, tu hija puede que tenga dificultad al final de su ejecución o de la competición. En este caso, su llama está muy alta. Probablemente se siente muy nerviosa o está invirtiendo demasiado esfuerzo. Algunos ejemplos de tener la llama muy alta son rara vez ser capaz de finalizar un partido de tenis, poncharse en las últimas entradas de un partido de *softball* o acelerar el compás de la música al final de un recital.

Para que tus hijos sean exitosos necesitan ajustar su nivel de intensidad al mejor grado. Algunas veces necesitan aumentar la intensidad, mientras que en otras tal vez tengan que bajarla y tranquilizarse. Los ejercicios que siguen a continuación ayudarán a tus hijos a mantener su llama interna en el nivel apropiado.

➪ Conoce el regulador de tu llama

Si quieres que tu hija descubra la intensidad correcta para alcanzar el éxito, primero pídele que recuerde un momento en el que tuvo un desempeño sobresaliente (esto es similar al ejercicio Conócete a ti mismo en la página 8). Pero en este caso, solicítale que clasifique su nivel de intensidad del 0 al 100, donde 0 es totalmente desinflada y 100 absolutamente acelerada. Creen una escala en incrementos de 10 puntos y pídele a tu hija que describa cada nivel. Por ejemplo, 20 en esta escala podría describirse como «ninguna motivación», 50 podría ser «algo energizada» y 70 podría ser «muy motivada y estimulada». Una vez completen la escala, pídele que clasifique las ocasiones más recientes en las que su desempeño fue excelente.

Luego, tu hija debe recordar un momento en el que su ejecución haya sido terrible. Debe clasificar otra vez su nivel de intensidad del 0 al 100 usando la misma escala anterior. Ínstala a recordar varias de estas ocasiones desastrosas para establecer un patrón evidente.

De esta experiencia de hacer conciencia, tu hija debe entender mejor en qué nivel de intensidad tiene sus mejores ejecuciones y en qué nivel se ahoga. Cada individuo es único. Tu hija puede tener su mejor desempeño cuando su nivel de intensidad es 40 y su peor ejecución cuando su llama alcanza el nivel de 80. Por otro lado, tu hijo puede desempeñarse óptimamente cuando su llama llega a 75 y terriblemente cuando baja al nivel de 20.

▷ Si la llama está muy baja, ¡dale una mano!

Si tu hijo comienza todo a paso de tortuga, tal vez necesite aprender cómo estimular su intensidad. Esto puede lograrse en un sinnúmero de formas. Primero, trata una «historia de bicicleta azul» como Muhammad Alí, si tu hijo tiene una. Si no tiene un relato como este, ¿existen imágenes en su pasado que podrían hacerle arrancar? ¿Admira a algún animal salvaje que actúe con gran energía, como por ejemplo el tigre o el antílope? Si es así, ínstale a que use estas imágenes antes de empezar una competición o presentación. Por ejemplo, si es el goleador de su equipo de fútbol podría visualizarse como un tigre abriéndose paso en la defensa. O si es un corredor, la visualización de un antílope puede ayudarle en su postura al moverse. Practiquen este ejercicio e intenten distintas imágenes hasta encontrar la que le funcione mejor.

Una buena rutina de calentamiento puede también ayudar a iniciar esa acción interior. Por ejemplo, si tu hijo es músico tal vez necesita tocar algunas piezas antes de entrar al escenario para su presentación. O hasta puede que quiera tratar algunos *jumping jacks* para activar su circulación. Ínstale a que pruebe diferentes rutinas de calentamiento a ver cuál de ellas lo hace arrancar.

▷ Cuidado con la ira

John McEnroe, el famoso y reconocido tenista, usaba la ira como estrategia en la cancha. Cuando las cosas no iban según sus planes, comenzaba una de sus famosas pataletas y les gritaba a los muchachos que ayudan a recoger las bolitas en la cancha, o a su blanco preferido, los árbitros de malla. Aunque esto le funcionó a John, este mal espíritu deportivo no es la estrategia recomendada para estimularse antes o durante una competición.

Phil Jackson, entrenador de los Bulls de Chicago y los Lakers de Los Ángeles, también advierte sobre la ira y dice que esta puede matar tus destrezas. Phil enfatiza que aunque es cierto que necesitas una actitud de guerrero en la cancha, no debes perder el control y explotar. Con esto se refiere a nuestra incapacidad para actuar racionalmente cuando tenemos demasiado coraje. Tal vez Jackson ya ha visto demasiada violencia, prácticamente sin ninguna justificación, entre los jugadores en la cancha de baloncesto.

Los científicos indican que enojarnos rápidamente y perder el control se encuentra en esa parte del cerebro que nos ayuda a sobrevivir en un mundo hostil. Esto era especialmente cierto en culturas antiguas y más primitivas. Sin embargo, mostrar una ira excesiva puede llevarnos a perder el enfoque y nuestra habilidad de seguir siendo razonables cuando estamos bajo presión.

Si tu hijo(a) usa la ira para energizarse, asegúrate de que pueda utilizarla en forma positiva. El coraje tiene que controlarse. La ira fuera de control probablemente saca a la luz lo peor de cualquier individuo, joven o viejo.

➪ «Tómalo con calma» cuando tu llama esté muy alta

Todos hemos oído el viejo refrán: «Sencillamente tienes que dar el 110%». Sin embargo, dar todo lo que tienes puede ser perjudicial para el desempeño. Tratar demasiado duro puede afectar negativamente la ejecución de excelencia.

En una prueba con corredores olímpicos, en la primera carrera, sus entrenadores les pidieron que corrieran a un 90% de esfuerzo en una carrera de velocidad. En la segunda carrera se les dijo que dieran el 100% de su esfuerzo. Para su sorpresa, corrieron realmente más rápido la primera vez cuando trataron de no dar el todo.

Tu hijo(a) puede estar dando el «110%» cuando compite; tal vez está tratando demasiado duro, y esto lo lleva a tener dificultades en su ejecución. Para ayudarle a que alcance su mejor desempeño, tal vez tenga que adoptar la mentalidad de «tomarlo con calma». Necesita aprender cómo sacar el pie del pedal cuando las revoluciones del motor están demasiado aceleradas. Es decir, si está en ochenta en su escala de intensidad, tal vez necesita bajar a un sesenta.

Lleva a tu hijo(a) a que adopte la estrategia usada por Scott Hamilton, el campeón olímpico en patinaje sobre hielo. Scott decía que tenía su mejor desempeño en el hielo cuando adoptaba una mentalidad a la que llamó «indiferencia refinada»; esto es, no forzar ningún movimiento en el hielo, sino permitir que los movimientos ocurrieran como quisieran. Entonces, «tomarlo con calma» lo que quiere decir es sencillamente no forzar un gran desempeño.

7

Espera lo mejor

El autor W. Somerset Maughan escribió en una ocasión: «Es algo realmente curioso en la vida: si te rehúsas a aceptar cualquier cosa que no sea lo mejor, con mucha frecuencia lo consigues». Tus expectativas pueden crear logros maravillosos. Apuntar a las estrellas te ayuda a convertirte en una estrella. Ciertamente ayudó a Annika Sorestam a dominar el *LPGA*, el torneo profesional de golf para mujeres.

Annika aprendió el poder de las expectativas cuando era muy joven. Su entrenador, Pia Nilsson, promovía una «visión 54». Annika espera anotar en cada hueco (*birdie*), así pues se siente muy cómoda con un puntaje muy bajo. (Un *birdie* en cada hueco, uno bajo par, equivaldría a un puntaje de 54.) Quizás esta visión le permitió tirar 50 en el LPGA en el 2001.

Pero si bien es cierto que las expectativas pueden motivarnos a la excelencia, también pueden crear un techo de limitación. La milla milagrosa de Roger Bannister es un gran ejemplo. Roger fue la primera persona en correr una milla en cuatro minutos. No obstante, en el lapso de los dieciocho meses siguientes, cuarenta y cinco corredores rompieron esa marca supuestamente impenetrable.

¿Cómo todos estos corredores aumentaron su velocidad?

Antes de la excelente carrera de Roger, todo el mundo creía que era imposible romper la marca de una milla en cuatro minutos. Esta creencia puso un techo sobre su ejecución al correr y previno que sus cuerpos rompieran la escurridiza marca. Sin embargo, luego de la excelente ejecución de Roger, el techo se rompió y estos corredores adquirieron la actitud de «yo puedo».

En una ocasión Henry Ford dijo: «Sea que pienses que puedes, o pienses que no puedes, probablemente tienes razón». Creer que puedes correr más rápido que Roger Bannister puede hacerte correr más rápido.

Los padres necesitan desarrollar en sus hijos una filosofía de «yo puedo». Los niños deben creer que, debajo de las estrellas, todo es posible.

Los padres también tienen que estar conscientes de las expectativas que tienen para sus hijos. Los ejercicios que siguen te ayudarán a tener unas expectativas efectivas.

◑ Conoce la profecía autorealizable

Es muy probable que nuestras expectativas influyan nuestras interacciones y, a su vez, esas interacciones puedan volverse autorealizables. Unos psicólogos condujeron un famoso experimento en la década de los sesenta que apoyó este punto. Seleccionaron al azar ciertos estudiantes de una variedad de salones de clase y les dijeron a los maestros que estos estudiantes eran «intelectuales en cierne». Les comunicaron a los maestros que estos estudiantes en particular debían mostrar logros sobresalientes a lo largo del año. En realidad, no había ninguna diferencia entre estos estudiantes y sus compañeros. Pero al final de año, estos «intelectuales en cierne» tenían mejores calificaciones.

¿Qué ocurrió?

Los maestros mostraron un estilo de comunicación más efectivo con los «intelectuales en cierne». Los maestros usaron expresiones faciales más positivas y asumieron una postura más cautivante cuando trabajaron con los intelectuales en cierne que con los otros estudiantes. De esa manera, sus expectativas influenciaron sus interacciones, y estas a su vez, provocaron que las calificaciones en un grupo de estudiantes fueran mejores que en el otro grupo.

¿Cómo se relaciona esto con nuestra tarea como padres?

Primero, los padres deben estar conscientes de sus expectativas para los hijos. Los niños tienen diferentes niveles de habilidad, sea que hablemos de ciencia o de fútbol. Por lo general, los padres ven la diferencia. Sin embargo, esas aparentes diferencias no deben influenciar sus expectativas para ningún hijo.

Segundo, los padres deben tener expectativas altas para sus hijos, independientemente del nivel de habilidad. Esto llevará a unas interacciones entre padres e hijos que contribuirán a un excelente desempeño. Sin embargo, las expectativas no deben ser tan altas que los padres tengan que empujar demasiado a los hijos. Establece expectativas que sean altas pero realistas. De esta manera, será más probable que los hijos alcancen su potencial.

Tercero, los padres deben evitar las expectativas negativas. Si tu hijo o hija tiene un historial de problemas de conducta en la escuela, tal vez sea más fácil esperar lo peor. Pero esto podría provocar que se dé una caída en espiral. Por ejemplo, el niño tiene algunas dificultades iniciales en la escuela. El padre espera más problemas, llevando esto a unas interacciones que refuerzan los problemas en la escuela. A su vez, esto crea más dificultades en la escuela.

Recuerda, las expectativas negativas pueden ser tan autorealizables como pueden ser las expectativas positivas.

➪ Elévate a la altura de las expectativas

En un estudio de golfistas profesionales, los científicos investigaron los porcentajes de tiros al hoyo hechos por golfistas profesionales desde distintas localizaciones y si el tiro era para *birdie* o para *par*. Sorprendentemente, sin importar la distancia, los jugadores hicieron más tiros para *par* que para *birdies*. Más específicamente, era más probable hacer un tiro de tres metros si era para un *par* que para un *birdie*.

Claro está, sólo podemos especular la causa de tal diferencia. Tal vez los profesionales esperan hacer por lo menos *par* en cada hoyo mientras que los *birdies* son un bono.

Este mismo principio ocurre con el estudiante que saca B en matemáticas. Estos estudiantes creen que sólo tienen potencial para una B: esperan obtener una B, mientras que una A es un bono. Igual que los golfistas profesionales, los estudiantes con este tipo de creencia limitarán su potencial así como su promedio académico.

Si tu hijo está en esta categoría —y son muchos los que están aquí— convéncelo de que se vea a sí mismo como un estudiante que saca A. Ayúdalo a que no espere nada menos que esto. Como dijo Somerset Maugham, si esperas obtener lo mejor, con frecuencia alcanzarás ese resultado.

PARTE 2

PREPARACIÓN EMOCIONAL: CONSTRUYE UNA CONFIANZA SÓLIDA COMO LA ROCA

Rara vez las cosas salen como las planificamos. Las personas exitosas están mental y emocionalmente preparadas para cualquier dificultad que pueda presentarse, y se sienten confiadas en que pueden superar cualquier obstáculo en su camino.

Individuos como Thomas Edison y Serena Williams han escogido responder a la vida con una perspectiva optimista, independientemente del resultado. Ambos usaron pasadas experiencias, tanto éxitos como fracasos, como ladrillos para edificar el futuro.

Esta sección enseña a nuestros hijos cómo planificar para lo mejor pero prepararse para lo peor.

8

LLENA TU MENTE
CON MOMENTOS DE ORO

Dolly y su familia tienen un ritual en cada cena. Todo el mundo tiene que contar algo que le haya pasado en el día, bueno o malo. Sin embargo, además tienen otro ritual, el favorito de Dolly, en el que cada miembro de la familia tiene la oportunidad de describir una «pepita de oro».

Una pepita de oro es cualquier suceso estupendo o especial que haya ocurrido en el día. Podía ser aprobar un examen difícil, o anotar un gol en la práctica de balompié, o decir las palabras apropiadas a una amiga y hacerla sonreír. Dolly piensa que la mejor parte de este proceso es escribir tus pepitas de oro en una libretita guardada cerca de la mesa de la cocina. Entonces, si en un día específico no hay nuevas pepitas de oro, uno de los padres de Dolly lee en voz alta una de las pepitas de oro de la libreta para mantener el buen ánimo de la familia.

El gran futbolista Joe Montana usaba sus pepitas de oro para crear gran tesoro en el campo de fútbol. En los últimos dos minutos del Súper Bowl 1988, los *49ers* de San Francisco estaban perdiendo por cinco puntos contra los *Bengals* de Cincinatti. Necesitaban correr casi noventa yardas para anotar. Reunidos en medio del campo de juego, Joe les dijo a sus compañeros: «Esto es sencillamente como en el 1981».

Esas palabras marcaron la oportunidad para que Joe y el resto del equipo recordara una pepita de oro: una situación crítica muy similar en la que tuvieron éxito. Cuando jugaban contra los *Cowboys* de Dallas en el juego de campeonato de la NFC en el 1981, los *49ers* necesitaban avanzar el balón todo un campo en los últimos minutos de juego. Cuando apenas faltaban unos pocos tic-tac en el reloj, Joe tiró la famosa atrapada a Dwight Clark para el *touchdown* ganador. Aquellas imágenes ganadoras —aquella pepita de oro— les dio una repentina sacudida de energía y estimuló su confianza, la cual les llevó a la victoria sobre los *Bengals* y a otro título del Súper Bowl.

Recordar experiencias exitosas es clave para desarrollar un juego mental sólido. Los individuos que pueden recordar momentos exitosos clave en detalles vívidos tienen una enorme ventaja sobre quienes carecen de esta destreza. He aquí cómo puedes ayudar a tu hijo(a) a llenar su bolsa con pepitas de oro.

➪ Captura una pepita de oro

Al igual que la familia de Dolly, desarrolla un libro familiar de pepitas de oro. Otra posibilidad es que tu hijo(a) desarrolle su propio libro de pepitas de oro. Sugiérele que escriba un momento en el que su desempeño fue especial; bien haya sido la ejecución de una pieza musical con su instrumento o un tiro perfecto jugando tenis. Pero ínstale a que haga más que sólo escribirlo. Recomiéndale que saque de la bolsa las pepitas de oro cuando las necesite; por ejemplo, en el receso durante un partido de tenis particularmente reñido.

Esas pepitas de seguro van a transformar su ejecución en un momento dorado.

➪ ¡Escríbelo!

La gente más exitosa tiene álbumes llenos de recortes de prensa sobre sus hazañas. Si tu hijo nunca ha sido el sujeto de un artículo periodístico, aliéntalo a que escriba uno (¡además esto le ayudará en su redacción!)

Prepara una página en tu computadora con un formato similar a una noticia del periódico. Haz que tu hijo describa qué ocurrió en un recuadro a la izquierda, en tercera persona, como si un periodista estuviera escribiendo. Luego, toma una foto de tu hijo que muestre acción y colócala en el recuadro de la derecha. Asegúrate de que escriba un subtítulo llamativo debajo de la foto, tal como lo haría un periodista.

Si no tienes disponible una computadora, entonces haz lo mismo pero en papel.

Ver un artículo sobre ellos mismos y leer sobre sus logros como si fueran famosos es una excelente manera de aumentar la confianza de tus hijos.

➡ Crea un «libro de paz»

Casi todo niño tiene recuerdos que pueden estimular emociones positivas en el presente. Pídele a tu hijo(a) que recuerde un momento en el que se sintió completamente en paz y feliz. Tal vez ocurrió estando parado frente a una cascada espectacular, o sentado al final de un muelle viendo los barcos pasar, o acostado en la cima de una montaña mirando el valle a lo lejos, u observando un precioso atardecer sobre el mar. Ahora, pídele que grabe ese momento; que lo describa en detalle en un «libro de paz».

La próxima vez que tenga un momento de ansiedad, como un examen de matemáticas o un discurso en público, dile que lea un pasaje de su «libro de paz». Esta práctica debe ayudarle a mantenerse en calma en momentos de conmoción.

9

Escoge tu actitud

Ciertamente los noruegos sí tienen que lidiar con el frío. Viven en un clima usualmente glacial, pero son una nación que disfruta la vida al aire libre. Tienden a ver sólo lo positivo de su clima y tienen un dicho que captura su percepción: «A la verdad que no existe un mal tiempo, sólo mala vestimenta».

Tenemos la opción de sentirnos bien sobre nuestro día, o pensar que debimos habernos quedado en la cama. Tenemos la opción de mantenernos positivos con respecto a circunstancias fuera de nuestro control, tal como el clima, o volvernos melancólicos ante cada aguacero.

El mismo principio aplica a nuestra confianza. Tenemos la alternativa de creer en nuestras excepcionales destrezas o creer que todo el mundo tiene más talento en nuestro trabajo o posición.

Si bien es esencial poseerla en todo lo que emprendemos, la confianza es tan caprichosa como un niño de ocho años en una tienda de caramelos. En un momento quiere una barrita de chocolate y en otro se le antojan los bombones agridulces. Una excelente ejecución puede crear una dulce sensación de ser invencible. Y un mal tiro o un error tonto pueden agriar tu actitud o la percepción de tu habilidad.

Una de las destrezas mentales más difíciles es mantener esa dulce sensación de confianza aun cuando ese día tu ejecución tome el tren hacia el sur. Sin embargo, no importa lo pobre que sea tu desempeño o ejecución, siempre puedes escoger mantenerte positivo. No importa cuantas decepciones o los errores que cometas, aún así puedes decidir probar esa dulce sensación de confianza.

Pregúntale a Willie Mays, la estrella del béisbol que siempre tenía una sonrisa en el rostro. Un antiguo compañero de equipo recuerda un día, al inicio de un partido importante, cuando Willie dijo a los muchachos: «Hoy va a ser un día sensacional. Voy a batear 4 de 4. No hay duda». Después que Mays se ponchó en su primer turno al bate, regresó a la caseta de los jugadores y dijo: «Hoy es un día maravilloso. Voy a batear 3 de 4». Cuando no consiguió ningún *hit* en su segundo turno al bate, anunció que su meta era batear en dos de sus cuatro turnos. Entonces se ponchó otra vez en su tercer turno y entonces declaró con firmeza que su meta era batear en uno de sus cuatro turnos. Más tarde en el juego, cuando lo atraparon robando una base luego de su último turno, sonrió y dijo: «Mañana va a ser un día sensacional. Voy a batear 4 de 4».

Siglos atrás, René Descartes, el fundador del pensamiento filosófico moderno, escribió que tenemos la capacidad de pensar cualquier cosa que escojamos... y tener pensamientos que nos liberen o pensamientos que nos destruyan.

Este mismo principio se aplica fácilmente a nuestros hijos. Ellos pueden tener pensamientos que les liberen de los miedos del diario vivir o pueden escoger una vida llena de dudas sobre ellos mismos. La meta de un padre debe ser asegurarse de que sus hijos sepan que tienen la opción de sentirse seguros de sí mismos y alentarlos a que tomen esta decisión con frecuencia. Los ejercicios que siguen deben ayudar a tus hijos a creer que pueden alcanzar un «4 de 4» todos los días y en todas las maneras posibles.

➡ Inventa un *happy hour* [hora feliz] temprano en la mañana

Al levantarnos por la mañana, la mayoría de nosotros se enfoca en todo lo que necesitamos hacer en ese día. Si la lista es muy larga y el tiempo escaso, nuestra actitud puede agriarse con facilidad. Lo mismo les ocurre a los niños y a los jóvenes.

Para ayudar a tu hijo a que comience el día con un buen estado de ánimo, prueba este sencillo ejercicio. Cuando tu hijo(a) se levante en la mañana, pídele que piense en tres cosas por las que está agradecida en su vida. Podría ser su salud, sus amistades, su mascota, su familia, etc. Descubrirá que cuando escoge enfocarse en estos pensamientos sencillos, su mañana será mucho más brillante. Es un *happy hour* temprano en la mañana.

Por el contrario, si tu hijo(a) se enfoca en los eventos negativos al despertarse, va en camino a crear un mal estado de ánimo. Para probar este punto, pídele a tu hijo(a) que trate este experimento por dos semanas.

Para la primera semana, tu hijo(a) debe escribir tres buenas experiencias (importantes o insignificantes) que tuvo durante cada día. Además, pídele que conteste la pregunta: «¿Por qué ocurrió esa buena experiencia?» Al final de la semana, pídele a tu hijo(a) que evalúe lo mucho que disfrutó esa semana usando una escala del 1 al 100, donde 100 representa lo mejor.

La siguiente semana haz lo opuesto. Pídele a tu hijo(a) que escriba tres experiencias negativas que vivió cada día. Otra vez, debe responder a la pregunta por qué le ocurrieron estas malas experiencias. Al final de la semana, debe evaluar lo mucho que disfrutó la semana en la misma escala del 1 al 100.

Muy probablemente descubrirá que su disfrute durante la primera semana va a ser mayor que para la segunda semana. Este sencillo experimento ilustrará que cuando él o ella escoge enfocarse en las buenas experiencias, se coloca en una mejor posición para tener un buen estado de ánimo. O puede enfatizar todos los eventos negativos en su vida y sentirse mal. La decisión es de él o ella.

10

USA EL DIÁLOGO INTERNO POSITIVO

Casi todos los campeones se hablan a sí mismos de forma positiva. Rutinariamente se animan usando las palabras correctas; como por ejemplo, Serena y Venus Williams, el dinámico dúo de tenistas. Aunque son más reconocidas por sus victorias individuales, estas hermanas también juegan en dobles y son un par formidable, por no decir mucho más. No obstante, esa tarde en particular estaban perdiendo por un gran margen. Necesitaban aunar esfuerzos para ganar el partido, pero Venus no estaba precisamente enfocada y se veía bastante descorazonada sobre sus oportunidades de ganar.

Usualmente durante los cambios de cancha, las hermanas hablaban sobre cualquier tema desde películas hasta compras y muchachos, pero durante ese cambio, Serena le dio a su hermana mayor una gran reprimenda. Le dijo: «Ahora me vas a escuchar. No me importa lo que hagas en tu lado de la cancha, pero yo no voy a fallar en mi lado. No vamos a perder este juego». Y continuó: «Venus, no importa cómo te sientas sobre la forma en que estás jugando, tienes que hacerte sentir en la cancha, ¿okey? Después de todo, estás aquí para jugar tenis. Sin embargo, tienes que decidir si quieres competir bien o competir pésimamente. Yo voy a tomar la decisión de competir bien. ¿Por qué no haces lo mismo?»

Aparentemente Serena usa el diálogo interno positivo para animarse a ganar en la cancha. Además, estaba tratando de que su hermana sintiera la misma actitud ganadora.

Sin embargo, el diálogo interno positivo puede ayudarnos a mucho más que simplemente ganar. ¡Puede hasta cambiar nuestro cerebro! Nuestros pensamientos crean impulsos neurológicos que estimulan la creación de nuevas reacciones químicas en el cerebro. Mientras más pensamos cualquier pensamiento, más fuertes y más disponibles se vuelven estas reacciones. Así que tener pensamientos positivos repetidamente puede sobrealimentar nuestros cerebros con energía positiva y ayudarnos a convertirnos en campeones.

El diálogo interno positivo debe comenzar a temprana edad. Gary Player, uno de los mejores golfistas del mundo, ha usado la conversación mental positiva desde que era un muchachito que crecía en Sudáfrica. Su maestra recuerda una ocasión en que pasaba por el aula de Gary y lo vio mirándose intensamente en un espejo y diciéndole a su reflejo una y otra vez: «Vas a ser el mejor golfista de todos los tiempos». Preguntándose cuantas veces Gary repetiría, la maestra comenzó a contar. Cuando Gary llegó a la repetición número cien, la maestra se dio por vencida (y también decidió economizarse el discurso de ánimo que había planificado, pues Gary iba ya por buen camino sin ayuda). Cuando Gary creció, se convirtió en una figura legendaria del golf y ganó los cuatro torneos más importantes durante su carrera.

Lamentablemente, no muchos niños son como el joven Gary Player. En lugar de practicar el diálogo interno positivo hacen justo lo contrario. Rebeca, una joven actriz que trataba de conseguir un papel en comerciales de televisión, tenía ese problema. Siempre estaba corriendo una «cinta mental» negativa. Aunque tenía muchísimo talento, nunca tenía buenas audiciones. Justo antes de cada audición, hacía comentarios como: «¡Sé que voy a echarlo todo a perder una vez más!» o «No arruines esta audición otra vez, ¿okey?»

Estas declaraciones destructivas ayudaron a «quemar» una cinta mental negativa en el cerebro de Rebeca. Se había convertido en la peor enemiga de ella misma. Un día, luego de escuchar a Rebeca recriminarse, su mamá le hizo la siguiente pregunta: «¿A quién te gustaría tener cerca durante una audición: a alguien que siempre te está poniendo sobrenombres y menospreciándote, o alguien que te admira y te alienta?»

«Eso es fácil. A alguien que me admira», contestó Rebeca.

Entonces su mamá le dijo que ella se había convertido en la peor enemiga de ella misma. «Eres tú quien está autodestruyendo tu actuación... nadie más». Con esta nueva perspectiva, Rebeca comenzó a darse cuenta que ella misma era el obstáculo para su potencial. Dejó de usar el diálogo interno negativo y los tonos autodestructivos en su comunicación.

Algunas veces cambiar esa cinta mental negativa por una positiva puede ocurrir sólo con una comprensión súbita, como en el caso de Rebeca. En otras ocasiones, el cambio llega con el uso de ejercicios mentales clave. A continuación encontrarás algunas herramientas mentales para ayudar a tus hijos a hablarse a sí mismos con la certeza de que pueden alcanzar la excelencia.

➪ Crea un diario de la «mejor amiga»

Igual que Rebeca, a tu hija le gustaría tener cerca a alguien que la anime antes y después de una actuación o ejecución. Tu hija tiene que convertirse en la mejor amiga de ella misma si desea alcanzar la excelencia.

Para comenzar, pídele que seleccione una libretita pequeña que le guste mucho y con la que se sienta cómoda llevándola a todas partes. Luego anímala a que escriba una declaración positiva sobre ella misma cada día. Por ejemplo:

- Hoy tengo confianza.
- Tengo una gran destreza para tomar exámenes.
- Soy mentalmente fuerte.
- Me recupero fácilmente de mis errores
- Hoy me siento maravillosamente bien.
- Me gusta la persona que soy.

Anima a tu hija a escribir una de estas declaraciones positivas sobre ella misma antes de ir a la escuela en la mañana o antes de acostarse en la noche. Luego de escribirlas, aliéntala a que relea varias oraciones cada día. Redactar y releer estas declaraciones va a crear una «cinta mental» positiva en el cerebro de tu hija y la ayudará a convertirse en la mejor amiga de ella misma.

➪ ¡Estira la liguilla!

Dale a tu hijo(a) una bolsita de liguillas o tiras elásticas en colores y pídele que escoja una en su color favorito y se la ponga en la muñeca como un brazalete. Luego, dile que cada vez que le venga un pensamiento negativo a su mente, que estire la liguilla y la suelte. Claro, no tan duro para que le duela, pero si lo suficiente para que llame su atención.

Una vez tu hijo(a) estire y suelte la tira elástica, debe reemplazar el pensamiento negativo con uno positivo.

Siéntate con tu hijo(a) y hagan juntos una lista de pensamientos opuestos. Esto ayudará a tu hijo(a) a tener una idea de cómo reemplazar lo negativo con algo positivo.

He aquí algunos ejemplos:

En lugar de...	**Piensa**
Soy un desastre en el fútbol.	Puedo hacerlo.
Tengo miedo.	No le temo a nada.
No soy bueno(a) en matemáticas.	Está bien cometer errores.
	Aprenderé de ellos.
No me gusta el entrenador.	Enfócate en ti mismo.
No soy bueno en competencias.	Voy a hacer lo mejor posible y a pasarla bien en el proceso.

Si el mensaje mental de tu hijo es negativo, al principio va a estirar la liguilla todo el día. Pero con el tiempo, las estiradas van a disminuir y con ello, los mensajes internos negativos que se dice a sí mismo.

11

DIRIGE TUS PROPIAS PELÍCULAS MENTALES

Nelson miraba con incredulidad mientras su hijo Carlos fallaba un tiro libre tras otro. Usualmente Carlos era excelente en la línea del tiro libre, pero durante este juego de campeonato, ningún tiro entró por el aro. Ni uno solo.

De regreso a la casa, Nelson le preguntó a su hijo qué le había pasado.

«Lo intenté», contestó Carlos, «pero seguía viendo la bola fallar, y ciertamente fallé, en todas las ocasiones».

Las imágenes pueden crear nuestra realidad. Existe una conexión literal y física entre nuestros pensamientos y acciones. Si estás en la línea de tiro libre e imaginas que vas a fallar el tiro, te sientes ansioso, lo que hace que tus músculos estén más tensos y tus movimientos sean más rígidos. Como resultado, estarás más propenso a fallar. Si te imaginas encestando la bola, te sientes calmado, lo que hace que tus músculos estén más relajados y tus movimientos tengan más coordinación. Como resultado, es muy probable que encestes la bola. Nuestras imágenes se vuelven autorealizables. Visualizar el éxito aumenta nuestra habilidad para desempeñarnos mejor bajo presión, y salir airoso.

Muchos músicos, deportistas, actores y cantantes dicen que usan la visualización. Los actores pueden verse recibiendo un Premio Oscar antes de filmar la película. Los pintores ven la pintura finalizada, aun cuando el lienzo está en blanco. Al inicio de cada práctica, los campeones olímpicos se ven a sí mismos en el podio de premiaciones recibiendo una medalla de oro. Todos afirman haber usado la visualización para desarrollar su mente ganadora. Nadie les dijo que visualizaran; lo hicieron intuitivamente.

Sin embargo, no todo el mundo entiende la importancia de la visualización, especialmente cuando son jóvenes. Muchos niños no saben cómo las imágenes pueden desarrollar una mentalidad ganadora, y es aquí cuando entra a escena la crianza efectiva. Tiger Woods aprendió de su padre la importancia de estas imágenes mentales. «Tira al hoyo según lo imaginas», le diría su padre.

Siempre que Tiger confrontaba alguna dificultad y necesitaba algún ajuste, regresaba a estos principios básicos. Antes de ganar por primera vez el torneo Masters, Tiger visualizó la bola rodando hacia el hueco, el estruendo de la multitud mientras veían la bola entrar en el hueco, a su padre abrazándolo y se veía vistiendo la chaqueta verde de la victoria.

Cualquier persona puede aprender a usar la visualización. Es una destreza que debe adquirirse para poder dominar el juego mental. Muchos de los ejercicios en este libro usan la visualización para ayudar a desarrollar una mente ganadora. A continuación algunas ideas para ayudar a tus hijos a dominar con maestría esta esencial destreza.

➡ Encuentra un lugar tranquilo

La visualización trabaja mejor cuando la gente está relajada. Nolan Rylan, el lanzador miembro del Salón de la Fama, seguía esta filosofía. La noche antes de un juego, se acostaba en un cuarto específico, cerraba sus ojos y trataba de relajar su cuerpo completamente antes de comenzar su programa mental de imágenes. Una vez relajado, Nolan se imaginaba lanzándole a toda la alineación de jugadores del equipo contrario, un bateador a la vez. Visualizaba cómo le lanzaría a cada bateador, así como la manera en que se sentiría al hacer cada uno de esos lanzamientos.

Designa un cuarto de imágenes en tu casa. Asegúrate de que tu hijo(a) tenga un lugar cómodo para sentarse o acostarse (una silla, una almohada o un cojín grande) y permítele que escoja la música para ambientar. Con la música en un volumen bajo, lee este libreto en voz alta, mientras prestas atención a las reacciones de tu hijo(a):

Enfócate en tu respiración. Escúchala. Respira suave y profundamente. Aspira por la nariz y exhala por la boca. Ahora relaja los dedos de tus pies. Relaja tus pantorrillas. Escucha tu respiración. Inhala profundo, hasta llenar completamente tus pulmones, y luego suelta el aire. Relaja tus caderas y tu cintura. Ya debes sentirte bastante relajado. Afloja tu pecho, tus hombros y tus brazos. Relaja tus manos y la punta de tus dedos. Enfócate en tu respiración. Mantente

*enfocado en tu respiración. Inhala profundamente. Ya debes estar
completamente relajado.*

Una vez que tu hijo(a) esté completamente relajado(a), un proceso
que debe tomar unos cinco minutos, pasa al siguiente ejercicio.

➪ Comienza con algo sencillo

Tu hijo(a) aprenderá a visualizar más fácilmente si primero utiliza imágenes familiares. A continuación un ejemplo de un libreto que puedes
usar:

> *Visualízate sentado en el sofá de la sala de tu casa. Observa todo a
> través de tus ojos, como si de verdad estuvieras allí. Mira alrededor
> del cuarto. Observa el cuadro en la pared, los libros en el estante y los
> cojines en el sofá. Sé tan realista como sea posible. Trata de usar todos
> tus sentidos. Intenta visualizar hasta el olor de este cuarto.*
>
> *Ahora, enciende la televisión. Visualiza una manzana rojo bri-
> llante en la pantalla. Mira como rota. Ahora visualiza una banana.
> Observa la textura y el color de la banana. Rota la banana. Ahora
> imagínate en la televisión, ejecutando tu destreza favorita (podría
> ser música o algún deporte).*
>
> *Visualízate ejecutando esta destreza exitosamente una y otra vez.*

Cambia este libreto para que se ajuste a las experiencias de tu hijo.
Comienza con visualizaciones que tu hijo conozca muy bien y luego pasa
a imágenes más retadoras.

➪ Visualiza tus éxitos

El siguiente paso para desarrollar las destrezas de visualización es hacer
que tu hijo escoja una actividad en la que tenga un buen desempeño. Por
ejemplo, si es un pianista y con una ejecución magistral en una pieza en
particular, entonces pídele que se visualice tocando esa pieza. He aquí un
corto ejemplo del libreto:

Visualízate sentado al piano. Te sientes calmado y dueño de ti mismo. Al comenzar a tocar, tus dedos responden perfectamente. La música suena hermosa, cantando desde el piano.

⇨ Trabaja con tus debilidades

Haz que tu hijo use la magia de la visualización para volverse más diestro en una destreza difícil. Una vez haya trabajado en sus destrezas para visualizar, este paso se volverá mucho más fácil de lograr.

Por ejemplo, pídele a tu hija que visualice esa pieza de música con la que está teniendo dificultad al ejecutar la flauta. Sugiérele que se visualice tocando esa pieza como si fuera una concertista de flauta. Haz que imagine que toca cada nota perfectamente y que el sonido resuena a través del escenario tal como lo deseó el compositor.

Si tu hijo está teniendo dificultad con su saque en el tenis, pídele que se visualice haciendo todos los saques con perfección, atacando todas las esquinas.

Interesantemente, los investigadores han descubierto que las imágenes sí afinan nuestra destreza. Las imágenes pueden acentuar la programación de nuestros músculos (o memoria muscular, como muchos le conocen). Cuando queremos perfeccionar una destreza, la visualización puede aportar a la causa.

Ayuda a tu hijo(a) a perfeccionar la destreza de la visualización. Sugiérele que la use tanto como pueda. La visualización es un ingrediente principal en la mezcla para el éxito.

PLANIFICA PARA LO MEJOR; PREPÁRATE PARA LO PEOR

A Diógenes, el filósofo griego, le preguntaron por qué le rogaba por dinero a una estatua. A lo que respondió: «Estoy practicando la decepción». Hace más de dos mil años las mentes más dotadas del mundo sabían que a veces cosas malas le ocurren a gente buena. Pero aquellos individuos que se preparan mentalmente para cualquier cambio inesperado en la marea deben ser más capaces de responder exitosamente en cualquier cometido.

La arena política exige una mente preparada. John F. Kennedy fue el primer presidente que tenía rutinariamente conferencias de prensa televisadas. Con todos los asuntos candentes del momento como la crisis de misiles en Cuba, la guerra fría con Rusia y otras dificultades internacionales, la prensa tenía una excelente oportunidad para sorprender al presidente sin estar preparado. Para eliminar esta posibilidad, Kennedy se sentaba con media docena de su personal de confianza y repasaban cada posible pregunta que podían hacerle. Él quería anular cualquier ataque sorpresa de parte de la prensa.

Estar mentalmente preparado para acontecimientos negativos también puede venir en forma de visualizaciones. Al Oerter, uno de los mejores lanzadores de peso (o de bola) de todos los tiempos, usó la visualización para ganar la medalla de oro en cuatro Juegos Olímpicos consecutivos, del 1956 al 1968.

Al sabía que los campeones tienen que sobreponer la adversidad continuamente. Por lo tanto, se preparaba visualmente para hacer sus lanzamientos bajo las condiciones más adversas. Se imaginaba la final olímpica bajo una torrencial lluvia. Se imaginaba la zona de tiro en condiciones extremadamente resbaladizas, y sin embargo, todavía se veía lanzando con excelente técnica. O, a veces, Al se veía con sólo una oportunidad de tiro adicional en la final olímpica, con los rusos a una pequeñísima puntuación detrás de él. Acababa de lanzar pobremente en sus tiros anteriores, pero se visualizaba respondiendo a esa adversidad con un nuevo récord mundial en su último intento.

Sirio, el filósofo mítico, decía que cualquiera podía aguantar el timón cuando el mar estaba en calma. El reto es mantenerlo en dirección cuando las aguas están agitadas. Los siguientes ejercicios pueden ayudar a tus hijos a navegar a través de las difíciles aguas de la vida.

➡ Crea un «plan para la adversidad»

Para preparar a tu hijo(a) para los malos momentos que pueden presentarse, crea un plan para la adversidad. Pídele que escriba algunas cosas negativas que pueden pasar durante una competencia, recital, examen, etc. Luego, creen una lista de respuestas positivas para cada una de esas situaciones adversas. Lo que sigue es un ejemplo de este tipo de plan para un recital de música.

Adversidad	Respuesta
Llega tarde al recital.	Actúa tranquilo mientras entra al escenario.
Se da cuenta que una de sus cuerdas está rota.	Con mucha calma, le pide otro instrumento a su maestro.
Comete un error en la ejecución de su pieza.	Continúa su ejecución, sin ninguna reacción visible ante el error.
La audiencia está haciendo ruido.	Bloquea todas las distracciones.
Su acompañante comete un error.	Continúa tocando muy calmadamente.

➡ Implementa el plan

La creación de un plan para la adversidad es sólo el primer paso. Ponerlo en acción es el siguiente.

La implementación puede ocurrir usando la visualización, tal como hacía Al Oerter. Tu hijo(a) puede pensar en una lista de malos sucesos y luego visualizar sus respuestas positivas ante esos eventos. Si el plan es para un recital de música (como arriba), el joven músico debe visualizar la lista varias veces al día durante algunas semanas antes del evento.

Si es posible, es aún mejor implementar adversidad en la vida real. Payne Stewart, el golfista exaltado al Salón de la Fama, conocía la importancia de practicar para la adversidad. En muchas de sus sesiones de entrenamiento, Payne usaba un ejercicio en el que le pegaba a dos bolas, pero en lugar de seguir el juego con la mejor bola, jugaba la bola en la peor localización. Payne se estaba preparando para su mejor juego en la peor de las circunstancias. Dado que el torneo U.S. Open está repleto de situaciones adversas, tal vez este ejercicio es una de las razones por la que terminó ganando dos de estas competencias.

Para ser un ganador como John F. Kennedy, Al Oerter y Payne Stewart, enseña a tu hijo(a) a planificar para lo mejor pero prepararse para lo peor.

13

Actúa como una estrella

La Competencia de Ortografía (Spelling Bee) en Tallahassee dura unas diez horas. Estudiantes de todas partes de Estados Unidos participan en esta importante competencia, y el ganador recibe un trofeo y un certificado de $200 de una tienda de computadoras local.

Aunque bien puede ser muy divertido para la mayoría de los chicos y las chicas, la Competencia de Ortografía de Tallahassee puede tornarse en un certamen largo y brutal. Durante la última hora del concurso el año pasado, todos los participantes que quedaban se veían agotados, excepto Susana. Caminaba por la tarima con mucha energía y se veía tan fresca como durante la primera hora del certamen. Cuando terminó la competencia, otro participante le preguntó cómo era posible que todavía tuviera aquella energía y ánimo al final.

«Mi papá siempre me dice: «Pretende hasta que se vuelva realidad», contestó Susana. «Al final del día estaba agotada, pero *pretendí* estar llena de energía. Lo curioso es que cuando comencé a actuar de esa manera, ¡empecé a sentirme así!»

Su gran energía no fue suficiente para ganar el certamen, pero Susana había aprendido aquel día lo que ya han descubierto los ejecutores destacados: siempre que entran en el campo de juego, el escenario o el salón de clases, tienen que dar su mejor desempeño, sin importar las circunstancias. Los ganadores no siempre se sienten motivados, dispuestos o confiados. Pueden cansarse, enfermarse y «quemarse». Pero ellos y ellas saben que cuando suena la campana, es momento de poner en pausa los sentimientos negativos, y lo hacen. Ese es el instante para llamar a cualesquiera sean las emociones que les darán la fortaleza para ganar.

¿Cómo los campeones transforman el temor en agallas o la fatiga en energía?

Ellos actúan, o como dijo el papá de Susana, pretenden hasta que se hace realidad. Una gran actuación es la habilidad de representar emociones. Un actor diestro muestra emociones con su rostro, sus ojos, manos, poses y movimientos. Todo lo que hace, hasta su manera de caminar, le muestra al público cómo se siente el personaje. Pero un gran actor no sólo muestra la emoción al público, actuar una emoción puede hacer que el actor realmente la sienta.

Los psicólogos han descubierto que nuestras emociones siguen a nuestras acciones. La gente que siempre se pavonea con frecuencia se siente segura y confiada sin importar cuál es el puntaje en el tablero o cuantas oportunidades acaban de echar a perder. Las personas que actúan como ganadores se sienten ganadores, piensan de ellas mismas como ganadores, y tienen mayor probabilidad de convertirse en ganadores que los que actúan como perdedores.

Chris Evert es un gran ejemplo. Siempre actuaba segura y comprometida, aun cuando a veces se sentía desconectada, débil, nerviosa, o sencillamente no quería jugar tenis. Sin embargo, Chris nunca revelaba sentimientos de debilidad o duda ante nadie, especialmente frente a un oponente. En lugar de esto, mostraba su espíritu de lucha y determinación de ganar. Siempre mantenía su cabeza en alto y sus hombros erguidos. Rugía en la cancha como una leona buscando a su presa. Sus excepcionales destrezas de actuación le ayudaron a ganar dieciocho títulos Grand Slam.

Lamentablemente, cuando el juego no está a su favor, muchos jóvenes actúan más como «llorones» que como ganadores. Andrew, uno de los mejores golfistas jóvenes de Tennessee, puede lanzar la bola trescientas yardas. Los mejores entrenadores le enseñaron las mejores técnicas. Pero Andrew era un mal actor. Cada vez que fallaba un tiro, dejaba caer los hombros, ponía mala cara y andaba cabizbajo. Su lenguaje corporal negativo menguaba su confianza. Su falta de destrezas para actuar bloqueó su éxito y previno que lograra alcanzar su enorme potencial.

Puede que tu hijo(a) nunca tome lecciones de actuación. Tal vez nunca aparezca en un escenario ni en una película. Pero para desatar al campeón que tiene en su interior, tienen que creer que es un gran actor y *convertirse* en un gran actor. En el momento en que entre en un salón de clases, un escenario o en una cancha o campo de juego, tiene que actuar como un campeón e irradiar confianza sin importar cómo se sienta realmente. Y se logrará sentir esa confianza porque la emoción que refleje es la que sentirá a fin de cuentas. Los siguientes ejercicios ayudarán a tu hijo a convertirse en el actor que todo campeón necesita ser.

➪ Ponte la camiseta roja

Llevar puesto algo especial hace que los niños se sientan especiales. Cuando Tiger Woods era pequeño, su mamá le regaló una camiseta roja. Ella le dijo que el color rojo le daría fuerza y coraje siempre que lo usara. Hoy día, como parte de su ritual del domingo, Tiger siempre viste una camiseta roja. Cuando se pone su camiseta roja, aumenta su confianza.

Toma el ejemplo de Tiger y su mamá. Pregúntale a tu hijo qué ropa y accesorios le ayudarían a sentirse de la forma en que quiere sentirse.

¿Quiere tu hijo sentirse más calmado cuando esté bajo presión? Trata algo azul y comenten sobre los efectos calmantes de este color. El azul es reconocido como el color calmante universal.

¿Quiere tu hija sentirse más contenta y divertirse más en la cancha? Trata algo amarillo. El amarillo es un color brillante y divertido.

O si tu hijo necesita más confianza, trata el rojo de Tiger.

➪ Entra por la puerta del escenario

Joe Paterno, el gran entrenador de fútbol americano de la Universidad de Penn State, les decía a sus jugadores que en el instante en que entraban a los vestidores ya no eran estudiantes, ni novios ni hijos. Ellos eran jugadores de fútbol y sólo jugadores de fútbol. No existía ningún otro rol para ellos una vez entraban a los vestidores.

Anima a tu hijo a encontrar el «gatillo» que le ayude a descartar todos sus otros roles y a jugar sólo el papel de un campeón. Discutan ideas o escenas que podrían estimular rápidamente el rol de campeón. He aquí algunas ideas que pueden servir de «gatillos»:

- Amarrarse los zapatos el día de la competencia.
- Poner la mochila o bulto en el suelo en el salón de clases.
- Abrir el estuche del instrumento al comienzo del recital.
- Amarrarte el pelo hacia atrás al comienzo del examen.

Recuerda, tus hijos están en control de cómo se sienten. Actuar como ganadores crea las emociones más efectivas para convertirse en ganadores.

14

ENTIENDE TU JUEGO

John no podía creer su suerte cuando recibió la bendición de tener gemelos: un niño llamado John Jr. y una niña llamada Jessy. Pensó que su bendición era aún mayor cuando ambos chicos se enamoraron del balompié, una de sus pasiones. Aunque ambos estaban dotados con velocidad y habilidad para el deporte, sus gemelos diferían grandemente en actitud. John Jr. intentaba cualquier jugada independientemente del puntaje. Cuando su equipo estaba perdiendo, trataba todavía con más ahínco. Nunca se daba por vencido.

Jessy era lo opuesto. Tan pronto hacía un par de malas jugadas, todo terminaba. Dejaba caer los hombros, bajaba el rostro y paraba de competir, tanto física como mentalmente.

John sabía que la actitud de Jessy sería un gran obstáculo para alcanzar el éxito en sus futuros esfuerzos, tanto en el deporte como en la vida. Mientras que su hijo podía reponerse de sus errores, a su hija le faltaba un ingrediente clave para el éxito: capacidad para recuperarse del fracaso.

El camino al éxito tiene muchas vueltas y desvíos. Los individuos que pasan por esos escollos con determinación por lo regular alcanzarán el éxito.

Uno de los mejores ejemplos de resolución es la historia de Thomas Edison. Su ruta al éxito estuvo repleta de una multitud de fracasos. En muchas ocasiones durante su juventud tuvo que hacer frente a deudas excesivas en las que incurrió para adquirir nuevos equipos y la continua construcción de un mejor laboratorio. Además, en ocasiones no podía vender ni promover muchos de sus importantes inventos. También, otros inventores robaron sus diseños y violaron sus numerosas patentes. Y la más famosa historia de fracaso de Edison, contada en muchas ocasiones, es el asombroso número de errores que cometió antes de descubrir la bombilla que funcionara.

Sin embargo, la capacidad de Edison para recuperarse ante el fracaso estaba cimentada en su sagaz optimismo. Thomas no veía estos fracasos concernientes a la invención de la bombilla como un suceso permanente o como un obstáculo insuperable, sino como rutas que ya no necesitaba tomar. Simplemente veía cada fracaso como una obstrucción temporaria para su futuro éxito.

Jim Abbott es otro optimista con una gran capacidad para recuperarse del fracaso. Jim nació con sólo una mano útil, lo que puede ser un problema mayor para alguien cuyo sueño es ser un lanzador de las Grandes Ligas. No obstante, Jim no se dio por vencido, sino que desarrolló una estrategia que se ajustara a sus fortalezas. Luego de lanzar la bola, cambiaba rápidamente el guante a su mano útil para poder hacer cualquier atrapada que fuera necesaria. Jim perfeccionó sus destrezas de tal manera que no sólo logró su meta de jugar en las Grandes Ligas, sino que se convirtió en un lanzador estrella para los California Angels.

Tanto Thomas Edison como Jim Abbott permitieron que su optimismo brillara en sus rutas al éxito. Mucha gente cree que los optimistas ven la mitad del vaso lleno, mientras que los pesimistas ven la mitad del vaso vacío. Si bien esta es una analogía arquetípica, los psicólogos creen que la diferencia entre un optimista y un pesimista está en cómo cada uno explica un fracaso.

Los optimistas tienen una gran capacidad para recuperarse del fracaso porque siguen lo que se conoce como la estrategia TUF cuando describen sus derrotas. Por ejemplo, cuando el fracaso le sobreviene a un optimista, lo ve como «Temporero». Si un estudiante optimista falla un examen de matemáticas, entiende que no estaba «en onda» en ese examen, pero que mañana será un día mejor. Los optimistas también ven el fracaso como «Único». Un estudiante optimista que fracasa en un examen cree que tuvo dificultad con ese capítulo. El fracaso, para un optimista, también es «Flexible». Los alumnos optimistas creen que si cambian su conducta, como por ejemplo tratan una nueva estrategia, será mucho menos probable fracasar en un futuro cercano. Si buscan los servicios de un tutor para la siguiente prueba, el éxito los estará esperando a la vuelta de la esquina.

En contraste directo, los pesimistas hacen lo opuesto cuando evalúan el fracaso y los errores. Primero, los pesimistas creen que el fracaso no cambiará en el futuro cercano. Creen que continuarán cometiendo errores y fracasando. Segundo, los pesimistas creen que fallarán en cada situación. Los estudiantes pesimistas que tienen dificultad en un capítulo particular del libro de geometría creen que no van a entender ningún otro capítulo del texto. Tercero, los pesimistas creen que tienen un control limitado sobre sus fracasos. Piensan que nada que puedan hacer va a cambiar su fracaso. Los estudiantes pesimistas creen que buscar un tutor o estudiar más no los ayudará a mejorar sus calificaciones. Para ellos, una vez ocurre el fracaso, la situación se vuelve irremediable.

Además de usar el sistema de valores de sus hijos como un indicador, los padres también pueden decir si estos son optimistas o pesimistas por el lenguaje que usan cuando hablan de sus logros. El niño optimista usará expresiones de autoafirmación. Hará comentarios como: «Puedo hacerlo», «Siempre hay una manera de lograrlo» y «Eventualmente lo entenderé». En contraste, un niño pesimista hará expresiones derrotistas tales como: «Esto no es justo», «Es imposible», «Nunca me llegan las oportunidades», «No importa lo que haga, nada me ayuda» y «Esto es estúpido».

Hay tanto noticias buenas como malas para los padres con respecto al principio del optimismo y el pesimismo. Estas son las malas noticias. Un niño pesimista tiene una marcada desventaja en una gran variedad de áreas, desde el desempeño hasta la salud. Por ejemplo, los atletas pesimistas tienen un desempeño más pobre luego de un momento adverso que sus homólogos optimistas. Los estudiantes pesimistas tienen peor ejecución que los optimistas. Los estudiantes pesimistas tienen más probabilidad de deprimirse y enfermarse que los estudiantes optimistas. En resumidas cuentas, una actitud pesimista es un serio obstáculo para alcanzar altos niveles de excelencia, así como gozar de buena salud.

La buena noticia, sin embargo, es que un niño pesimista puede volverse más optimista. Martin Seligman, autor de *Learned Optimism* [Optimismo aprendido] y un destacado psicólogo en esta área, dice que una actitud optimista puede adquirirse si se adoptan los patrones de pensamiento apropiados. De acuerdo con Seligman, cualquiera puede reaprender y cambiar sus patrones de pensamiento para volverse más optimista.

Más importante aún, los investigadores han descubierto que los padres tienen una significativa influencia en el mejoramiento de la actitud optimista en sus hijos. Para crear un hijo más optimista, los padres deben enfatizar los puntos TUF. Puedes hacer esto ofreciendo retroalimentación luego de un evento de rendimiento, así como hacer preguntas específicas que lleven a tu hijo a evaluar puntos clave. A continuación presentamos algunas estrategias para ayudar a tu hijo a desarrollar la mentalidad TUF.

➡ Temporalidad de la «T»

Para enfatizar la dimensión temporera del fracaso, los padres deben enfatizar la brevedad de los errores. Cuando tu hijo falla en un examen o tiene una ejecución pobre en una competencia, hazle entender que la vida es una serie de valles y montañas. Algunas veces encontramos algo que funciona, lo perdemos, y luego lo encontramos otra vez. Explícale cómo un mal desempeño es parte de un ciclo descendiente en el esquema de la vida. Algunos días sencillamente van a ser peores que otros. También puedes hacer preguntas de análisis sobre una experiencia negativa. He aquí algunos ejemplos de preguntas que ilustran la temporalidad del fracaso:

- ¿Te sentías hoy a un cien por ciento? (Tal vez mañana o la próxima vez que tomes el examen, te vas a sentir a un cien por ciento.)
- ¿Qué puede cambiar en un futuro cercano?
- ¿Vas a tener un profesor diferente en el siguiente semestre?
- ¿Vas a estar estudiando capítulos distintos para el próximo examen?

➡ Utilidad de la «U»

Para acentuar la dimensión única del fracaso, los padres deben enfatizar la manera en la que el evento fue especial. En los deportes, discute cómo este equipo o jugador tal vez no se ajusta al estilo de juego de tu hijo. Por ejemplo, en el tenis, tal vez el oponente jugaba todo el tiempo en la malla y esto no se ajustó al juego de tu hijo. Si el fracaso se relaciona con algún examen, explícale como ese capítulo no se relacionaba mucho con el estilo de pensamiento de tu hijo, pero con el siguiente va a ser diferente. Tal vez el Teorema de Pitágoras no hace «clic» con ella, pero si entiende «pi».

Puedes hacerle las siguientes preguntas:

- ¿Qué tenía este jugador (examen) en específico que no te gustó?
- ¿Tienes algunas fortalezas que te ayudarán a tener éxito en el futuro?
- Cómo tus destrezas se ajustan de manera diferente a tus futuros exámenes (oponentes)?

⇨ Flexibilidad de la «F»

Para realzar la dimensión de flexibilidad del fracaso, explica cómo este puede cambiar con sólo alterar algunas conductas. Por ejemplo, si tu hijo echó a perder un recital de música, enfócate en cambiar una estrategia para la siguiente presentación. Tal vez hace falta un cambio en el proceso de preparación. O tal vez el joven necesita practicar sus técnicas de respiración antes del recital. Si tu hijo tuvo un desempeño pobre en la línea de tiro libre en el último juego, trata la implementación de una rutina antes del tiro; esto es, una serie de conductas que un jugador lleva a cabo antes del tiro que puede llevarle a tener un mejor desempeño.

Hazle también las siguientes preguntas:

- ¿Qué podemos cambiar para el próximo certamen que te ayude a tener éxito?
- ¿Hay alguna otra estrategia que puedas implementar para ser más exitoso?
- ¿Crees que un tutor puede ayudarte a ser exitoso? ¿Crees que necesitas otro entrenador?
- En una escala del 1 al 100, ¿qué tanto te esforzaste? ¿Crees que puedes esforzarte aún más? ¿Cómo te sientes al pensar en esto?

Cuando tu hijo(a) desarrolle la mentalidad TUF, los fracasos deben comenzar a aplacarse y el camino para desarrollar la capacidad para recuperarse del fracaso debe ser mucho más fácil de encontrar.

15

IMITA LA GRANDEZA

Enrique estaba frustrado. Su hijo Miguel era más alto que todo el mundo en su liga de baloncesto, pero era muy tímido en el aro. Como muchos padres, Enrique entrenaba a su hijo, y como muchos padres, era muy severo con él. Trató los gritos, intentó la persuasión, pero sin importar lo que hiciera, Miguel no se mostraba agresivo en la cancha.

Entonces los dos vieron un juego televisado de los Miami Heat. Miguel le comentó a su papá que admiraba a Shaquille O'Neal. Miguel admiraba la forma en la que Shaq dominaba a sus oponentes mientras corría hacia el aro. Esto le dio una idea a Enrique: animaría a su hijo a actuar como si él fuera el Shaq de su liga.

Enrique le dijo a su hijo: «Siempre que tengas la bola, copia a Shaq. Imagina lo que él haría y hazlo». Con estas palabras y perspectiva, la conducta de Miguel cambió dramáticamente. Se volvió mucho más agresivo en la cancha, así como cuando estaba cerca del aro y comenzó a jugar a la altura de sus maravillosos dotes físicos.

Los maestros usan esta técnica (modelaje) para ayudar a sus estudiantes a aprender una nueva destreza o mejorar una destreza ya adquirida. Para la mayoría de las personas es más fácil imitar algo que han visto que algo que han leído o de lo que han escuchado una descripción. Ver a alguien hacer algo puede ofrecernos una comprensión visual de la acción. De esta manera la gente puede ver cómo encajan todas las piezas, lo que hace más fácil copiar la acción. El modelaje provee una información esencial —tal como ritmo y tiempo— que es difícil de transmitir con palabras. Por todas estas razones, el modelaje facilita el aprendizaje y hace la enseñanza más efectiva.

Los estudios revelan que imitar un modelo ejemplar también trae beneficios sicológicos a los niños. Observar a alguien hacer una jugada arriesgada puede ayudar a reducir la ansiedad de un niño si él mismo tiene que hacer la movida. Observar a personas que ellos admiran hacer algo también puede provocar que ellos quieran hacerlo. Los modelos positivos aumentan la motivación de un niño.

Sin embargo, quizás el mayor beneficio del modelaje es la manera en que estimula la confianza. Definitivamente ayudó a Mike. La asignación de la clase era hablar frente al grupo sobre las metas para el futuro. A Mike, sin embargo, le aterrorizaba hablar frente a otros. En el pasado, había comenzado a sudar sin control y se le había olvidado todo lo que había practicado. Antes de que fuera el turno de Mike, su amigo Ryan se paró frente a la clase y habló. Ryan estaba tranquilo y relajado, y habló con gran pasión sobre sus intereses futuros. Mike se sintió mucho mejor luego de oír lo bien que Ryan lo había hecho, y cuando llegó su turno, visualizó a Ryan y cómo la clase había respondido. Mike no podía creer lo mucho que habían mejorado sus propios talentos imitando a otra persona.

A continuación presentamos varios métodos para ayudar a tu hijo a imitar la grandeza.

➩ Crea un collage de grandeza

Ofrécele a tu hijo imágenes inspiradoras preparando juntos un collage. Para esta actividad necesitarás una cartulina gruesa, tijeras, pega y revistas con ilustraciones.

Pídele a tu hijo que recorte las fotos de todas las personas que admira. Deja que sea él el que seleccione las ilustraciones, pero mientras las corta, comenten sobre las razones por las que admira a esas personas. Puedes hacer preguntas sobre cómo ellos y ellas alcanzaron la grandeza.

Una vez tengas suficientes ilustraciones para cubrir la cartulina, pídele que las organice y las pegue para crear un collage de grandeza. Cuélgalo en algún lugar donde pueda activar visiones de grandeza en tu hijo(a), como por ejemplo, en la pared o en la puerta del cuarto.

➩ Conviértete en la estrella

Algunas veces el mejor modelo a imitar eres tú mismo. Esto le funcionó a Gabriela Sabatini. A principio de los años ochenta, Gabby era una de las mejores jugadoras de tenis en el mundo, pero para finales de la década no había tenido ningún triunfo mayor y ya no estaba disfrutando mucho el tenis competitivo.

Gabby estaba a punto de «quemarse», cuando su psicólogo deportivo preparó un video de los momentos más impresionantes de algunos de sus mejores partidos y le añadió la música favorita de Gabby. Parecía un video musical en el que Gabriela era la protagonista, y esto la revitalizó. Luego de verlo una y otra vez, derrotó a Steffi Graf en el U.S. Open del 1990.

Si tienes un equipo de video, haz lo mismo para tu hijo. Graba algunas de sus sesiones de práctica o competencias y luego edítalas en forma de un show. Escoge los mejores momentos y haz un DVD con los momentos más significativos. Luego anima a tu hijo(a) a que vea el DVD antes de ir a practicar, o cuando tenga una presentación en el escenario o antes de cada competencia. Si no tienes acceso a una cámara de video o una cámara digital que grabe videos, entonces prepara un «cuaderno de memorias de éxito» con fotos especiales y enséñaselo a tu hijo(a). Esta estrategia mental puede promover la excelencia colocando a tu hijo(a) en un estado mental de confianza justo antes de comenzar la competencia.

➡ Habla sobre la grandeza

Habla con tu hijo(a) sobre los factores que contribuyen a la grandeza. Anímale a que escoja y describa a personas que él considere que han alcanzado la grandeza: artistas, músicos, deportistas, actores o cualquier otra persona que llene sus criterios. Luego pídele que busque información sobre qué ayudó a estas personas a alcanzar su grandeza.

- ¿Fue una gran destreza?
- ¿Fue un juego mental?
- ¿Fue la habilidad de controlar las emociones bajo presión?
- ¿Fue practicar intensamente y dar el mejor esfuerzo?
- ¿Fue la suerte?

Una vez se encuentra la grandeza y se descubre el camino, es mucho más fácil de imitar.

16

Anticipa tu excelencia

Jessica no tiene una buena memoria, pero tiene excelentes destrezas para tomar exámenes. Tiene una misteriosa habilidad para saber qué material va a estar incluido en las pruebas. Jessica anticipa lo que la maestra va a preguntar en el examen a partir de una variedad de importantes fuentes. Ella registra las preguntas que aparecieron en pruebas anteriores. Además presta atención a lo que la maestra enfatiza en la clase y anota cualquier relación con el contenido del libro de texto. Está muy pendiente a cualquier entonación en la voz de la maestra, y cree que eso también es una clave. Luego combina toda esta información y hace predicciones sobre las preguntas en el siguiente examen. Estas predicciones guían lo que ella enfatiza cuando se prepara para el examen.

La anticipación no sólo ayuda al tomar exámenes, sino que también juega un papel principal en dominar cualquier deporte con un ritmo rápido. El básquetbol, uno de los deportes más apresurados, exige la habilidad de anticipación, particularmente en los rebotes.

Sea que admires su estilo o te desagrade su conducta irreverente, Dennis Rodman es considerado uno de los mejores reboteadores en la historia del baloncesto. Si bien coger los rebotes exige una gran agilidad, velocidad y rápidos reflejos, Dennis dependía de mucho más que sus habilidades físicas para dominar a sus contrincantes. Lo que separaba a Dennis de sus homólogos era su capacidad de anticipación.

Dennis tenía un excelente brinco vertical pero se convirtió en un gran reboteador debido a su habilidad para posicionarse en el lugar correcto luego de un tiro. Dennis analizaba la tendencia de tiro de su oponente y luego implementaba esto en una estrategia para determinar dónde y cómo saldría el tiro del aro. Por ejemplo, cuando Dennis jugaba para los Pistons de Detroit en la década de los ochenta, tenía unas estrategias específicas para los rebotes contra dos de sus mayores contrincantes: Michael Jordan y Scottie Pippen de los Bulls de Chicago. Dennis sabía que

Michael tenía una «mano suave» y que la bola saldría tranquilamente del aro, así que cuando Michael tiraba, Dennis se colocaba más cerca del aro. Por el contrario, Scottie Pippen tiraba con más fuerza. Si tiraba y fallaba, la bola saldría del aro más rápido y con más fuerza. Cuando Scottie tiraba, Dennis se paraba más lejos del aro para coger el rebote.

La rapidez es también un factor de anticipación. Al mejorar tu capacidad para anticipar, más veloz te vuelves. La buena noticia es que puedes entrenar para adquirir más velocidad.

Pregúntale a Wayne Gretzky. Wayne es reconocido como uno de los mejores anticipadores que el jockey haya conocido jamás. Parecía siempre estar en el lugar perfecto en el momento justo. Todo comenzó con su papá. Cuando Wayne era niño, su padre creaba ejercicios en el hielo para él en los que tenía que anticipar dónde estarían sus oponentes. Su papá le ayudó a desarrollar un «sentido del hielo».

Hace algunos años le preguntaron a Wayne qué lo separaba del resto de los jugadores, a lo que respondió: «La mayoría de los jugadores patina hacia donde está el disco, yo patino hacia donde el disco va a estar».

Como padre, quieres que tus hijos sean buenos anticipadores. Para ayudarlos a hacer mejores predicciones en los deportes, así como en el salón de clases, ellos necesitan incorporar dos fuentes principales: señales de su entorno y las tendencias de un oponente (o maestro). Los siguientes ejercicios ilustran cómo un padre puede enfatizar estas dos fuentes.

➲ Descubre las señales del entorno

Discute con tu hijo algunas claves que da la maestra con relación a lo que puede venir en el siguiente examen.

- ¿Escribe la maestra palabras clave en la pizarra?
- ¿Dice la maestra: «Esto es importante»?
- ¿Aclara la maestra su garganta antes de presentar información vital?

Asegúrate de que tu hijo sepa reconocer las claves que puede usar para predecir el contenido de un examen, como hacía Jessica.

Respecto a los deportes, discute qué claves anticipadas tu hijo puede usar para ayudarle a tener más velocidad en el campo o la cancha. Por ejemplo, en tenis, el tiro de la bola antes del golpe de saque ofrece información vital para predecir jugadas. Si el tiro es sobre el hombro derecho (para jugadores derechos), existe una alta probabilidad de que el saque será horizontal, con poca rotación. Si el tiro es sobre la cabeza, entonces el saque tendrá más rotación.

Discute varias situaciones que pueden ocurrir en el deporte de tu hijo(a) en las que él puede recabar información vital que le sirva para hacer predicciones.

➪ Desarrolla un diario de tu oponente

Bob Feller, el lanzador de los Indios de Cleveland y miembro del Salón de la Fama, mantenía un diario de los bateadores de los equipos contrarios. Después de cada juego, escribía lo que le gustaba y lo que no le gustaba de los bateadores. Anotaba los lanzamientos que les gustaba batear y los que no les gustaban. Para ser más preciso en su diario, Bob hasta observaba las prácticas de bateo del equipo contrario para obtener datos adicionales.

Al igual que Bob, anima a tu hijo para que mantenga un diario de sus oponentes. Después de cada juego, pídele a tu hijo que registre las diferencias sutiles de un oponente. Por ejemplo, en tenis tu hijo debe registrar si a un oponente le gusta hacer sus *forehands* cerca de la malla más que a través de la cancha. Debe registrar si a un oponente le gusta hacer sus saques desde bien atrás en los puntos importantes o abajo en el centro. Más importante aún, tu hijo debe estudiar este diario antes del juego para crear una mente más ágil en la cancha.

Para una mente más rápida y ágil en el salón de clases, pídele a tu hija que sea como Jessica. Anímala a que mantenga un registro de los tipos de preguntas que hizo la maestra en exámenes anteriores. Para ayudarlo con este diario, haz preguntas como las que siguen:

- ¿La mayoría de las preguntas son de conocimiento básico o conocimiento aplicado?
- ¿Eran las preguntas sobre nombres y lugares, o más generales?
- ¿A tu maestra le gusta hacer más preguntas sobre sus lecciones o del libro?

La preferencia de la maestra por ciertos tipos de pregunta tenderá a mantenerse constante en exámenes futuros, y conocer estas preferencias puede darle a tu hijo(a) una favorable ventaja.

PARTE 3

CONEXIÓN EMOCIONAL:
PRESTA ATENCIÓN A TU ENFOQUE

Los individuos exitosos enfocan sus energías en el aquí y el ahora. Típicamente no se preocupan por el fracaso porque eso existe en el futuro. Tampoco se preocupan por lo que ocurrió en el pasado... eso es periódico de ayer.

Gente como María Sharapova, Jack Nicklaus y Conan O'Brien han perfeccionado la fortaleza emocional de estar conectados con el momento presente. Han aprendido a vivir plenamente en el presente y a enfocar su atención en la meta, simple y llanamente.

¿Te preguntas por qué tu hijo(a) se distrae fácilmente en la escuela o en la mesa durante la cena? ¿Te cuestionas por qué no puede dirigir todas sus energías a una sola tarea?

Esta sección enseña a los niños a vivir cada momento plenamente, y cuando aprendan esa destreza esencial, sus momentos serán mucho más dulces.

17

JUEGA A NO PERDER

Los padres necesitan tener cuidado con la manera que se comunican con sus hijos. Una historia verídica y muy graciosa sirve como ejemplo.

George Wheelwright, uno de los fundadores de Polaroid, necesitaba capital para su nueva compañía e invitó a cenar a su casa al millonario J. P. Morgan. J. P. tenía fama de intransigente, pero era muy sensible al tema de su nariz, que era bien grande y roja. Antes de la cena, Wheelwright le advirtió a su hija pequeña: «No comentes nada sobre su nariz. No le mires la nariz. Por favor, ni siquiera menciones la palabra *nariz*». Todo marchó muy bien hasta justo el final de la cena, cuando la hija de Wheelwright se acercó al señor Morgan con la bandeja de café y con su voz infantil dijo: «Señor Morgan, ¿cuántos terrones de azúcar le gustarían en su nariz?»

Aunque bien es cierto que esta historia es algo antigua, el postulado todavía es cierto. Cuando nos enfocamos en algo que no deseamos, llamamos la atención hacia esa misma cosa. Todo el mundo conoce las líneas clásicas sobre llamar la atención hacia algo que no queremos:

Por favor, no pienses en un elefante rosa. Piensa en cualquier otra cosa, menos en un elefante rosa.

¿En qué pensaste? ¿Acaso en algo diferente al elefante rosa? No haces caso al «no» y piensas solamente en el elefante rosa.

El psicólogo Daniel Wegner llama a esto la teoría del proceso irónico. Cuando te dices que no debes pensar en algo, puedes forzar tus pensamientos en la dirección no deseada.

El mismo principio aplica cuando juegas a ganar o cuando juegas a no perder.

Los jugadores que se enfocan en jugar a no perder pueden terminar perdiendo, que fue lo que le ocurrió a Serena Williams en los campeonatos de Wimbledon en el 2004, cuando estaba defendiendo su título ante una joven jugadora rusa llamada María Sharapova.

María tenía una mentalidad muy distinta a Serena. La mentalidad de María en la cancha venía de su crianza. Casi quince años antes, su padre había salido de su ciudad natal en Rusia para traer a María a la tierra prometida de América. Dejó atrás al resto de la familia y llegó a Estados Unidos con sólo $700 dólares en el bolsillo y unas destrezas muy pobres en el inglés. Lo arriesgó todo para que María pudiera jugar tenis en el semillero del talento de la Florida.

María echó mano de toda esa mentalidad de «arriesgarlo todo» en su final contra Serena. Acertó en cada tiro y atacó la bola desde todas las esquinas. María jugó sin temor todo el juego.

Serena, por su parte, estaba jugando a no perder: ya era millonaria y había ganado muchísimos campeonatos. Tenía mucho que perder. Jugó con indecisión, tratando de aferrarse a su corona.

María, a la tierna edad de dieciséis años, jugó a ganar. ¿El resultado? El juego, los *sets* y *match*... María.

➲ Reestructuración positiva

Los padres pueden ayudar a sus hijos a convertirse en ganadores enseñándoles a reestructurar sus pensamientos. Si sorprendes a tus hijos haciendo declaraciones que pueden impactar negativamente su desempeño, ayúdale a reemplazarlas de una manera efectiva. He aquí algunos ejemplos:

Declaración negativa	Declaración positiva
No vuelvas a sacar «C» en el examen.	Haz lo mejor posible.
No cometas un error.	Enfócate en acertar todas las notas.
No tropieces en la presentación de hoy.	Cuéntale a la clase una excelente historia.

➡ Comunicación positiva de los padres

Es posible que los niños no sean los únicos que necesiten reestructurar su estilo de comunicación. Tal como descubrió George Wheelwright hace muchos años cuando J. P. Morgan vino a su casa a comer, los padres necesitan ser positivos en su estilo de comunicación. Dicho de manera sencilla, deja afuera los «no». Habla en un estilo que enfatice lo que quieres. A continuación algunos ejemplos para los padres:

Declaración negativa	Declaración positiva
No hagas reguero.	Asegúrate de que tu cuarto esté recogido.
No le pegues a tu hermano.	Juega con cuidado.
No veas televisión.	Ve a estudiar.
No hables tan alto.	Habla en voz baja.

Cuando los padres hablan positivamente, aumentan las probabilidades de conseguir lo que esperan de sus hijos.

18

Vive en el momento

«**P**apá, créeme, estoy intentándolo», Max le dijo a su padre luego de enseñarle su tarjeta de calificaciones. «Estudio, papá», añadió Max, «pero cuando tomo la prueba, mi mente divaga y pierdo mi concentración».

Su padre le contestó: «El problema es que estás tratando de hacer muchas cosas a la misma vez. Todas las noches en tu cuarto estás intentando hablar por teléfono con tus amigos, jugando en la computadora y escuchando música, todo al mismo tiempo».

Pensó unos momentos y añadió: «Lamentablemente, tus hábitos de concentración se han convertido en tu enemigo. Esta ejecución de multitareas ha entrenado tu mente para distraerse fácilmente. Cuando necesitas concentrar todas tus energías en la prueba, sencillamente no puedes hacerlo».

Concentrar todas tus energías en una sola tarea es esencial para poder desempeñarte en tu nivel más alto. Sea en la escuela, en los deportes o en la música, los mejores ejecutores viven plenamente en cada momento y enfocan todas sus energías en una meta.

Phil Jackson, conocido como uno de los mejores entrenadores de básquetbol, también cree en la ventaja de vivir en el momento y enseña a sus jugadores a hacer lo mismo. Uno de sus estudiantes más famosos, Michael Jordan, adoptó la filosofía de Jackson tanto dentro como fuera de la cancha. Vivir en el aquí y el ahora ayudó a Michael a mantener su pasión por el deporte. Disfrutaba su tiempo en la cancha, inspirado por los nuevos retos y oportunidades. Esta filosofía le dio a Michael la habilidad de saborear la dulzura del momento.

Michael también descubrió que estar puramente inmerso en el momento, le dotó para jugar básquetbol sin ningún tipo de autocrítica, duda o inhibición. Cuando jugaba básquetbol profesional, Michael no se preocupaba por perder porque el fracaso existe en el futuro. Su pasado tampoco existía, dando cabida a que desaparecieran las pasadas decepciones.

A fin de cuentas, esta manera de ver las cosas capacitó a Michael para dirigir sus emociones en dirección a la excelencia.

He aquí algunos ejercicios para ayudar a tus hijos a entrenar sus mentes para que puedan enfocar todas sus energías en la tarea que tienen de frente.

➪ Respira bien

Este es un ejercicio que no sólo evalúa la concentración, sino que también enseña a enfocarse. Primero, pídele a tu hijo que cierre los ojos y que piense sólo en el aire que está entrando y saliendo de sus fosas nasales. Tan pronto otro pensamiento se «cuele» en su mente (a parte del aire), entonces tiene que abrir sus ojos.

Lo más probable es que abra sus ojos en unos segundos. Si es así, esta es una clara indicación de su incapacidad para enfocarse.

Haz el ejercicio de nuevo, pero esta vez pídele que imagine que inhala aire blanco y que exhala aire negro. Es muy probable de que pueda duplicar el tiempo que permanece enfocado en el aire.

Juega por tercera vez. Esta vez pídele que imagine que el aire rueda dentro y fuera de su nariz. (O puedes inventar alguna otra imagen que entiendas que puede llamarle la atención.)

Este juego le ayudará a desarrollar la destreza de enfocarse en una tarea. Más importante aún, esta destreza se transferirá a otras tareas clave como tomar exámenes y escuchar a la maestra.

➪ Busca una señal que accione el proceso

Mark Twain escribió una vez: «La palabra apropiada es un agente poderoso. En cualquier momento que nos topamos con esas palabras intensamente apropiadas, el efecto es tanto físico como espiritual». Twain estaba escribiendo sobre el poder de las palabras para crear un efecto; un efecto poderoso que puede tener la palabra apropiada es un enfoque mejorado.

La película *For Love of the Game* [Por amor al juego] ilustra el principio detrás de las palabras de Twain. En esta película, Kevin Costner interpreta el papel de un lanzador de las Grandes Ligas para los Tigres de Detroit. Costner es mayor de edad pero tiene un talento único: podía bloquear todas las distracciones. En una escena, mientras estaba lanzando contra los Yankees de Nueva York, los fanáticos lo estaban abucheando despiadadamente. Sin embargo, el personaje de Costner había aprendido a neutralizar todas aquellas distracciones con una «oración señal». Al comienzo de su rutina de lanzamiento, se dice a sí mismo: «Despeja el mecanismo». Tan pronto dice esas palabras mágicas, todos los fanáticos hacen absoluto silencio. Más sorprendentemente aún, todo lo que puede ver es al receptor, al bateador y al árbitro como si estuvieran dentro de un túnel. Esta «oración señal» acciona un enfoque supremo ante la tarea que tiene de frente.

Para ayudar a tus hijos a enfocarse más intensamente en el momento, pídeles que usen una palabra u oración señal que accione el proceso. Un ejemplo de este tipo de palabra u oración puede ser: «Concéntrate en este momento» o «Enfócate», o pueden usar «Despeja el mecanismo», como el personaje de Costner. Cada vez que sientan que su mente se está alejando del momento, deben repetir esta oración. Esta oración promueve la sensación de atraer toda tu energía de vuelta a la tarea del momento, ya sea una discusión durante la cena o en el salón de clases o en el campo de juegos.

Lo que acciona el enfoque puede ser un movimiento físico en lugar de una palabra. El doctor Dick Coop, psicólogo de muchos atletas profesionales, recomienda involucrarse en algún tipo de conducta física para ayudar a una persona a entrar en un nivel de concentración más profundo.

Discute con tu hijo en qué tipo de conducta física le gustaría llevar a cabo para accionar un nivel de enfoque más alto. He aquí algunas sugerencias:

- Dar con el lápiz en el escritorio tres veces antes de comenzar un examen.
- Rebotar la bola tres veces antes del servicio en un partido de tenis.
- Dar dos golpecitos en el saxofón antes de empezar el recital.
- Acomodarte los pantalones antes de pegarle a la bolita de golf.

Pídele a tu hijo que trate varias alternativas. Algunas pueden funcionar mejor que otras.

➪ Disfruta el sabor de la vida

Cada momento es más dulce cuando estamos completamente involucrados en él. Estar completamente involucrados hace que nuestros sentidos estén considerablemente más a tono con lo que estamos haciendo.

Prueba este ejercicio con tu hijo para que pruebes este punto. Busca un dulce Starburst. Cualquier sabor funciona. Pídele a tu hijo que le quite la envoltura y que luego cierre los ojos. Luego debe ponérselo en la boca y sencillamente disfruta el intenso sabor. Dile que saboree esa intensidad.

La mayoría de las veces cuando nos comemos un dulce, nuestra mente se enfoca en otra cosa y no el sabor del dulce. Pero cuando tenemos nuestros ojos cerrados y podemos enfocarnos completamente en el sabor, este se intensifica.

Los momentos en la vida son así también. Cada momento se intensifica con sabor cuando estamos completamente involucrados. La vida de tu hijo(a) será mucho más dulce cuando domine esta destreza.

19

DESECHA TUS ERRORES

Cada vez que Catalina cometía un error en el campo de balompié, se volvía más lenta. Con cada error, sus pies disminuían un poquito la velocidad. Al final del partido usualmente era una de las jugadoras más lentas en el campo.

Frustrada, Catalina le dijo a su papá: «No entiendo. Estoy en excelente forma física. Entonces, ¿por qué siento como si mis piernas fueran de mantequilla al final de cada partido?»

Su papá le contestó: «Porque parece como si estuvieras cargando un saco de ladrillos. Con cada error añades un nuevo ladrillo al saco. Por eso al final del partido, el saco pesa una tonelada y casi no puedes moverte».

Jack Nicklaus, elegido como el mejor golfista del pasado milenio por los cronistas deportivos, también entiende la importancia de dejar en el pasado los eventos negativos. Él entiende que los fracasos pasados crean imágenes negativas y esas imágenes negativas afectan su ejecución en futuros partidos. Una noche, mientras dictaba un seminario, Jack dijo que él nunca había hecho tres intentos en su última jugada en un torneo de golf. (Cuando un golfista llega al último *green*, quiere hacer un intento [*one-putt*] o dos intentos [*two-putt*]; hacer tres intentos es fatal en el mundo del golf.)

Cuando una persona en la audiencia mencionó que había visto a Jack en televisión justo la semana anterior hacer tres intentos en el último hoyo, Jack respondió nuevamente que él nunca había hecho tres intentos en su última jugada durante un torneo. Si había hecho o no había hecho tres intentos no es el asunto en cuestión. Jack había erradicado el evento negativo de su mente. Él sólo se enfocaba en el pasado mirando lo positivo y por lo tanto ya no cargaba en su espalda el bagaje negativo para su siguiente torneo.

Lamentablemente, muchos niños son como Catalina y no como Jack Nicklaus. En lugar de tener una amnesia selectiva de los eventos negativos, la mayoría de los niños recuerda rápidamente esas malas experiencias. Por ejemplo, algunos músicos jóvenes no se van a acordar de todas las notas correctas que tocaron en los ensayos, pero sí recordarán todas las que fallaron. Entonces cuando están tocando la pieza para una audiencia, sólo piensan en cómo fallaron esas notas en los ensayos. Lamentablemente, traer a la memoria ese bagaje negativo disminuye su oportunidad de tocar bien bajo presión.

Padres, díganles a sus hijos que ser olvidadizos es un mal atributo. Es cierto que olvidar tu tarea u olvidar la hora de la práctica de tu equipo puede causar estragos. No obstante, olvidar algunas veces puede ser una cualidad deseada, especialmente cuando se trata de tu historia de errores. Los siguientes ejercicios enseñan a los niños cómo desarrollar una amnesia selectiva y olvidar los malos eventos.

☞ Borra la basura de tu mente

Bruce Lee, el famoso experto de las artes marciales, implementó una técnica ingeniosa para deshacerse de sus errores previos o pensamientos indeseados. Cuando un pensamiento negativo entraba en su mente, lo escribía en un papel y luego estrujaba el papel hasta hacerlo una bolita. Luego, tiraba la bolita de papel a la basura. Luego visualizaba el bote de basura cogiendo fuego, eliminando así por completo la experiencia negativa de su mente.

Anima a tu hijo(a) a hacer lo mismo. Primero, discute con él algunos de los eventos negativos del pasado que deben olvidarse, tales como:

- Fallé aquella nota tan sencilla en la práctica de la orquesta.
- Metí la pata en aquella pregunta del examen.
- Eché a perder aquella jugada ganadora.

Luego dile a tu hijo que escriba estas experiencias negativas que ha tenido recientemente, que estruje el papelito y lo tire a la basura. Luego anímalo a que diga, «a la basura» siempre que ese pensamiento trate de volver a su mente. Insístele en que use esta herramienta mental cada vez que quiera deshacerse de algún pensamiento indeseable. Esta técnica le ayudará a quitar de su mente esos pensamientos negativos y errores pasados.

Calma la mente

Un ciempiés y una lombriz estaban en una carrera. El ciempiés con todas sus patitas podía fácilmente ganarle a la lombriz con su contoneo. Sin embargo, la lombriz era muy astuta y sabía cómo prevenir que el ciempiés ganara. Al inicio de la carrera, la lombriz le preguntó al ciempiés cómo era posible que pudiera mover todas sus patitas en perfecta sincronización, una justo después de la otra. Tan pronto el ciempiés pensó en cómo caminar, todas sus patitas se enredaron. Entonces, la lombriz siguió contoneándose hasta llegar primero a la meta.

Una acción o conducta que por lo regular es automática puede alterarse completamente cuando le prestamos atención. Piensa en esto. La mayoría de nosotros somos buenos mecanógrafos, pero no prestamos atención a donde están las letras en el teclado. Sencillamente dejamos que nuestros dedos hagan su trabajo. Sin embargo, si comenzamos a pensar dónde está cada tecla, nuestros movimientos se vuelven lentos y torpes.

El mismo principio puede aplicarse a un pianista. Luego de practicar una pieza por muchas horas, los dedos del pianista cobran vida en sí mismos y se mueven de una tecla a otra sin ningún esfuerzo. Si le pides al pianista que se enfoque en cierta tecla durante la pieza, la canción perdería su ritmo y se volvería desarticulada.

Un perfecto ejemplo de este fenómeno arruinó la carrera de Ralph Guldahl. Ralph estaba en el tope del mundo del golf a fines de la década de los treinta. Había ganado los U.S. Open del 1937 y el 1938, y el Masters del 1939. Según Paul Runyon, uno de sus contemporáneos, Ralph tenía un control sobre la bola que nadie más podía igualar. Debido a esto, una casa publicadora le pidió que escribiera un libro educativo sobre golf. El problema era que su *swing* al jugar golf le nacía de forma muy natural. Ralph no le daba mucho pensamiento a los movimientos de su palo antes de pegarle a la bola. Para escribir su libro, tenía que dividir su *swing* en cada movimiento y luego analizarlo. Como resultado, cuando terminó el libro, lo mismo ocurrió con su carrera.

¿Qué le ocurrió a Ralph Guldahl? La respuesta fácil es que Ralph sufría de lo que se conoce como «parálisis por análisis». Los científicos del deporte han descubierto recientemente que cuando sobrepensamos o sobreanalizamos, estimulamos una parte del cerebro que puede llevarnos a la «asfixia» en una ejecución. Para ser más específicos, cuando pensamos demasiado, la parte izquierda de nuestro cerebro toma control y nuestro desempeño se «ahoga».

Branch Rickey, el antiguo dueño de los Dodgers, dijo en una ocasión: «Una mente llena es un bate vacío». Cuando llenamos nuestra mente con demasiados pensamientos, no podemos tirarle a la bola. Para tener una menta calmada y a la vez pegarle a la pelota, los padres necesitan enseñarles a los hijos cómo reprimir sus pensamientos analíticos. Los siguientes ejercicios ayudan a que los niños aprendan esta importante destreza.

⇨ No fuerces tu carácter

Conan O'Brien llegó a Los Ángeles en 1985 luego de aceptar un trabajo como escritor de comedias. También estaba tratando de conseguir trabajo como actor. En una clase que cambió su vida, le pidieron que improvisara una escena. Sin embargo, en lugar de improvisación, planificó cada línea en su cabeza. Quería hacer alarde de su ingenio de comediante ante el grupo.

El instructor de Conan le gritó: «Deja de pensar tanto». Este consejo dejó una marca indeleble en sus futuros trabajos en la industria. Ahora, en lugar de escribir mentalmente hasta encontrar el lado cómico, él calma su mente y deja que la situación graciosa sencillamente ocurra. Pensar menos y reaccionar más ha probado ser el «mantra» de su carrera.

Si tu hijo está tratando de entrar en la industria de la comedia, entonces debiera tratar de implementar el «principio de Conan». En lugar de escribir el libreto y actuarlo en el escenario, necesita adoptar la actitud de «simplemente responde».

Sin embargo, este principio no se aplica sólo a la actuación. Se aplica a la vida. Tu hijo no debe forzar ninguna conversación con otra persona, sino que debe sencillamente reaccionar honesta y espontáneamente a las personas. Con este estilo de comunicación, nadie pensará que tu hijo está forzando su personalidad.

➡ Vuélvete reactivo

Jason tenía un maravilloso tiro de tres puntos. Podía hacer tiros de tres puntos desde cualquier lugar de la cancha. Curiosamente, era un desastre en la línea del tiro libre. En ocasiones, ni siquiera tocaba el aro cuando hacía sus tiradas libres.

En el baloncesto, el tiro libre puede resultar difícil bajo presión porque tienes demasiado tiempo para pensar. En cambio, tienes que reaccionar cuando haces un tiro de tres puntos.

Ayuda a tu hijo a que desarrolle una rutina que promueva una mente reactiva. Como un ejemplo para la línea del tiro libre, tu hijo puede rebotar la bola una vez, mirar al aro, rebotar la bola otra vez y cuando su vista esté regresando al aro, entonces hacer el tiro. La secuencia promueve una mente en calma, pero reactiva al mismo tiempo. Esta rutina reactiva ayudó a Jason a perfeccionar un «tiro seguro» en la línea del tiro libre.

Las rutinas reactivas pueden crearse para cualquier deporte, desde el golf hasta el béisbol y el tenis. Cuando tu hijo es reactivo, va a encontrar su juego.

➡ Transición al estado reactivo

Carl Lewis, la estrella del atletismo, es un buen ejemplo de un proceso de transición de pensamiento a reacción. Al comienzo de cada carrera, Carl primero se enfocaba en lo que quería lograr y cómo quería correr la carrera. Luego, despejaba su mente y dejaba que su cuerpo respondiera a la carrera.

Algunas veces necesitamos pensar analíticamente al comienzo de nuestra ejecución, pero entonces debemos «apagar» el proceso de pensamiento y sencillamente responder. Un tipo de rutina de transición como esta puede lograrse en el golf. Por ejemplo, tu hijo tiene su primera práctica de *swing* y tiene en mente un movimiento en específico. Luego hace otro *swing* visualizando la sensación de su movimiento. En su tercera práctica, ya se enfoca solamente en su blanco.

➡ Juega luz roja-luz verde

Aunque tu hijo tiene que reducir sus pensamientos analíticos, hay momentos en que será necesario enfocarse en la mecánica. Cuando el juego de tu hijo vaya cuesta abajo, necesitará autorregularse y arreglarlo lo más pronto posible.

Lamentablemente, la mayoría de las personas quiere analizar qué fue lo que pasó luego de fallar un tiro o una jugada. Esto es demasiado temprano. A veces nuestro cálculo de tiempo no es el más adecuado y debemos seguir confiando en nuestro juego en lugar de estar buscando sus faltas.

Si tu hijo tiende a analizar su juego demasiado rápido, prueba el ejercicio luz roja-luz verde. Por ejemplo en el tenis, luego de fallar un *forehand*, tu hijo todavía está en la zona de luz verde. Todavía no tiene que analizar nada sobre su juego. Si falla dos *forehands* fáciles, ahora está en la zona de «luz amarilla». Todavía no tiene que analizar nada sino que debe jugar con precaución.

Cuando falla tres *forehands* fáciles, entonces sí está en la zona de «luz roja» y debe analizar su movimiento. Una vez que descubre el problema y como resultado soluciona el problema, entonces debe regresar a su estado reactivo, y apagar su mente analítica una vez más.

DESCUBRE TU CREATIVIDAD

Albert Einstein era una de las mentes más extraordinarias que jamás el mundo haya conocido. Sus contribuciones a la ciencia, tal como la teoría de la relatividad, cambió el futuro de nuestro mundo así como también creó una nueva filosofía de nuestro universo. El presidente de la Sociedad Real Británica una vez comentó que la teoría de Einstein era quizás el mayor logro en la historia del pensamiento humano.

A pesar de que la historia está repleta de grandes mentes que han hecho aportaciones significativas a la ciencia, muchos estudiosos han cavilado por qué el genio de Einstein sobresale sobre todos los otros. Si bien es cierto que Einstein podía analizar fácilmente la física de su tiempo, muchos enfatizan que su genio creativo era su mayor don.

Einstein llamaba «juego combinatorio» a la jornada hacia sus descubrimientos. Primero tenía períodos en los que soñaba despierto creativamente, y luego ponía estos sueños a trabajar, descubriendo así nuevas soluciones a viejos problemas. Una de estas «traviesas visiones» le llevó a darse cuenta que el tiempo y el espacio son curvos, una nueva revelación que cambió el curso de la física.

Mucha gente puede analizar situaciones, pero muy pocas tienen genio creativo, y es probablemente este talento lo que le da a un individuo la ventaja definitiva. Una de las personas más creativas que jamás haya pasado por el *fairway* es el golfista exaltado al Salón de la Fama, Seve Ballesteros. Seve tiene una de las mentes para juego corto más geniales de todos los tiempos y puede crear una magia alrededor de los *greens* como ningún otro jugador. Seve ha dicho que le gusta comparar sus poderes artísticos alrededor del *green* con oír la música que producen sus palos cuando juega. Él entiende las notas que sus palos están tocando, lo que le permite componer la melodía necesaria para cada tiro.

Afortunadamente, la creatividad puede canalizarse. El doctor Win Wenger, autor de *The Einstein Factor* [El factor de Einstein], dice que muchos genios son individuos normales y corrientes que han desarrollado alguna técnica que promueve una percepción más sofisticada de su mundo. Los siguientes ejercicios ayudarán a sus hijos a recurrir a su caudal creativo.

⇨ Haz como Twain

Uno de los placeres de visitar Hartford, Connecticut, es el paseo turístico a la casa de Mark Twain. Construida a finales del siglo diecinueve, es una casa de majestuosa artesanía, magnífica para cualquier generación. Una vez entras en la casa, puedes ver el extraordinario mobiliario y obras de arte adquiridas por Twain en sus viajes por el mundo.

Como en la mayoría de los paseos turísticos, las características particulares de cada cuarto son descritas. Cuando entras en la sala para «después de la cena», el guía señala una variedad de interesantes objetos sobre la repisa de la chimenea y luego explica un ritual familiar de Twain. Frente a sus hijos, Mark Twain creaba una nueva historia cada noche usando esos mismos objetos. Algunas noches la historia trataba de dragones y princesas, mientras que en otras ocasiones se enfocaba en el grandioso Mississippi. Pero siempre había una nueva aventura con los mismos personajes principales.

Practica el ritual familiar de Twain. Busca algunos objetos de recuerdos que sean parte de tu familia, y luego colócalos sobre la mesa o en la repisa de la chimenea. Pídele a tu hijo que cree una historia mágica usando cada pieza. Usas los mismos objetos otra noche, pero pídele que cree una nueva historia. (Claro está, tú también puedes intentarlo.)

En las semanas que siguen, usa diferentes objetos y repite el proceso. Tal vez este ejercicio logre crear otro artista librepensador.

⇨ Creatividad en un bol

Para este ejercicio, haz una lista de cincuenta nombres, por ejemplo: *bicicleta, carro* y *casa*. Luego haz otra lista de cincuenta adjetivos, tales como: *alegre, triste* y *enojado*. Escribe los nombres en papel azul y los adjetivos en papel verde, y luego corta cada palabra en franjitas. Coloca estos pedacitos de papel en un bol.

Entonces, pídele a tu hijo que saque tres pedacitos de papel verde y tres de papel azul. Ahora tiene que inventar una historia usando todas las palabras. La próxima noche, pídele que otra vez practique su creatividad usando el bol.

◖ Escribe en el lado correcto

Busca una ilustración que tu hija pueda dibujar fácilmente. Haz una copia de la misma. Entonces vira al revés (de cabeza) la primera ilustración y pídele a tu hija que la dibuje. Pídele que no trate de rotar la ilustración en su mente, sino que simplemente la dibuje como la está viendo. Luego dale la segunda ilustración (que es idéntica a la primera) y pídele que la dibuje con el lado correcto hacia arriba. Luego comenten sobre ambos dibujos. Es muy probable que descubran que dibujó la ilustración al revés más artísticamente. Cuando la ilustración está al revés, típicamente la gente no está analizando su técnica, sino que simplemente permiten que su energía creativa fluya libremente.

◖ Diálogo inventado

Este ejercicio puede ser muy divertido tanto para ti como para tu hijo(a). Busca en la televisión un programa que no hayan visto antes. Escojan uno que presente dos personajes en la pantalla. Luego baja el volumen y comiencen a inventarse el diálogo de los dos personajes. Sencillamente diviértanse. Te sorprenderá lo interesante y entretenido que ustedes dos pueden hacer un programa. Y este juego, así como los otros ejercicios descritos, aumentarán la habilidad creativa de tus hijos.

No pierdas el enfoque

Guillermo siempre batea muy bien al comienzo de un partido. Si analizas su promedio de bateo, sería .350 en las primeras seis entradas y .100 en las últimas tres. El problema de Guillermo era que se sentía mentalmente drenado al final del juego, lo que influenciaba su marcado descenso en desempeño. Comenzaba sus partidos con un gran estruendo, pero terminaba con un ruido hueco.

La dificultad de Guillermo parecía originarse en la carencia de una rutina de concentración. Necesitaba desarrollar un sistema que le permitiera mantenerse fresco durante todo el juego. Con una rutina de concentración, su bateo se remontaría al final del partido, así como su promedio de bateo.

Visualiza la concentración como una represa de energía. Si las compuertas de esta represa están muy abiertas, esta energía se va a vaciar rápidamente, provocando que te sientas agotado. Para conservar estos recursos mentales y tener tu mejor desempeño, las compuertas deben abrirse sólo por un corto período de tiempo y luego cerrarse para un tiempo de reacumulación. Guillermo tenía sus compuertas de concentración demasiado abiertas para nueve entradas. Hacia el final del partido, ya no le quedaba nada en la reserva.

Además, visualiza la concentración como olas de energía mental. Igual que las olas del mar, tu concentración comenzará lentamente, se levantará gradualmente y luego irá en *crescendo*. Para concentrarte en los niveles más altos, necesitas dejar que tu enfoque se desarrolle y luego llegue al máximo en el momento preciso. Si puedes lograr que tu concentración llegue al máximo en el momento apropiado, tu desempeño también debe llegar al máximo.

Estos principios de concentración pueden guiar a los padres en el desarrollo de rutinas de concentración efectivas para sus hijos. Los siguientes ejercicios incorporan estos principios.

➡ Piensa en una llave de paso

Digamos que tienes un hijo que es el «pateador» (*punter*) en su equipo Pee Wee de fútbol americano y pierde su enfoque cuando está en el campo de juego. La aplicación de estos principios de concentración ayudará al padre a desarrollar una rutina para que el niño esté más enfocado.

Primero, anima a tu hijo a visualizar una llave de paso (espita) en las compuertas de su represa de concentración. La llave de paso controla lo mucho o lo poco que abrirán las compuertas. Cuando el equipo de tu hijo esté en defensa, el dial de la llave de paso está en 1. Las compuertas están sólo un poco abiertas. También puedes alentar a tu hijo a tener una oración que le indique que el dial de la llave de paso está en este nivel. Puede ser algo como «Estás en la zona de diversión». Está simplemente disfrutando del partido.

Cuando el equipo de tu hijo recibe el balón, necesita cambiar su dial a 3. Aquí se está enfocando en el partido con un poco más de intensidad. Tu hijo debe tener una oración para esta posición del dial, por ejemplo: «Momento de enfocarme».

Cuando es tercero y *long*, el dial debe cambiar a 6. Necesita prepararse para entrar en el campo de juego en caso de que su equipo no haga el primer *down*. La oración clave en este punto puede ser «Prepárate».

Cuando llega el cuarto *down* y llaman al «pateador», necesita cambiar su enfoque a 9. Mientras va corriendo hacia el campo de juego, la oración que debe llevarlo a la acción debe ser: «Tiempo de patear».

Justo antes de que el balón llegue a su posición, su concentración debe ir aumentando. Aquí funcionaría una oración como «Llegó el momento».

Luego de la patada, y cuando su equipo vuelve a defensa, él debe cambiar su concentración otra vez a 1 y entrar en la zona de diversión otra vez.

Esta rutina ayudará a tu hijo a mantenerse fresco y llegar al máximo en los momentos correctos durante todo el partido. Sin embargo, este tipo de rutina no es sólo para patear un balón de fútbol americano. Puede usarse en otros deportes, como el béisbol, por ejemplo. Tu hijo debe comenzar con niveles bajos de concentración cuando está en la caseta de los jugadores y cambiar a niveles de concentración máximos cuando entra en el cajón de bateo.

◯➤ Reacumula tu energía mental

Además de llegar al máximo en los momentos correctos, también necesitamos tener una rutina de concentración que nos ayude a reacumular
nuestra energía. Nuestra mente funciona mejor cuando seguimos cierto
ritmo biológico. Necesitamos tener oleadas de trabajo de alta intensidad
seguidas de un período de recuperación.

Sugiérele a tu hija que cuando esté trabajando en un proyecto, que se
enfoque, como máximo, por alrededor de cuarenta y cinco minutos. Luego debe tomar un receso de quince minutos. Este tiempo de recuperación
debe consistir de actividades de poca energía, tales como: caminata corta,
estiramiento o tal vez sólo oír algo de música. Estos quince minutos son
esenciales para que tu hija recargue sus baterías y reabastezca su reserva
de concentración y que pueda continuar y mantenerse productiva por el
resto del día.

23

CONVIÉRTELO EN RUTINA

Una escena en la película *Shakespeare in Love* muestra al joven Will Shakespeare pasando apuros para completar su obra *Romeo y Julieta*. Pero antes de comenzar a escribir, Will se sopla las manos, da dos vueltas, aguanta su silla y se sienta abruptamente. Entonces comienza a escribir su famosa historia de amor.

El joven William Shakespeare que nos presenta la película está inmerso en una rutina previa al desempeño, una serie de conductas que le llevan a una ejecución. Diferente a las supersticiones, que son sólo creencias que tenemos sobre nuestro mundo, las rutinas preparan nuestra mente y cuerpo para la próxima tarea.

Los atletas son famosos por sus únicas e incomparables rutinas. Jimmy Connors, el estupendo tenista, rebotaba rápidamente la pelota cuatro veces, la sujetaba por una fracción de segundo y luego la rebotaba otra vez cuatro veces y muy rápido. Matt Freije, el jugador de los Atlanta Hawks que fuera un baloncestista *All-American* en Vanderbilt, tiene una rutina única en la línea de tiro libre. Dos veces antes de tirar, rebota la bola de manera que gire hacia él. Sammy Sosa, el galardonado bateador de Grandes Ligas, hace la señal de la cruz con sus dedos y luego mira al cielo antes de entrar al cajón de bateo.

Estos son sólo unos pocos ejemplos que encontramos en los deportes. Enciende la televisión y verás que la mayoría de los atletas tiene algún tipo de rutina previa a su desempeño. Estas rutinas sirven un propósito. Primero, muchas de ellas implican algún tipo de respuesta de respiración y esto puede promover fluidez y ritmo. Segundo, la mayoría de las rutinas incluye algún tipo de visualización concerniente al resultado del tiro, lo que promueve la confianza. Tercero, las rutinas son altamente consistentes. La mayoría se conduce antes de la ejecución en una determinada cantidad de tiempo. Las rutinas efectivas no varían, independientemente del escenario o situación. Tal consistencia ayuda a traer una sensación de calma en situaciones de presión.

Las rutinas nos ayudan a tener éxito porque son patrones de pensamiento y actuación disciplinados que promueven nuestra habilidad para responder ante un evento más efectivamente. Si bien es cierto que las rutinas nos ayudan a lidiar con la presión en los deportes, también pueden aplicarse a situaciones de la vida diaria. Los ejercicios que siguen ilustran cómo desarrollar en los niños rutinas productivas.

Crea una rutina de redacción

La mayoría de los individuos no son como William Shakespeare. Muchos de nosotros pasamos mucho tiempo para crear oraciones e historias imaginativas. Para ayudar a promover este lado creativo de la vida, desarrolla una rutina de redacción con tu hijo(a). Este tipo de rutina pondrá a tu hija en el estado mental correcto. Por ejemplo, una rutina de redacción para ella pudiera incluir los siguientes pasos:

1. Ejercítate por quince minutos (el ejercicio ayuda a la circulación de la sangre al cerebro, lo que puede hacernos más creativos).
2. Respira profundamente tres veces.
3. Da tres golpecitos al escritorio.
4. Comienza a escribir.

Además, muchos escritores escogen un bloque de tiempo para trabajar. Sus mentes han sido programadas para escribir y ser creativos durante ese lapso de tiempo. Posiblemente para tu hija, un tiempo específico luego de la escuela pudiera ser un buen momento para escribir.

Corre con una rutina

Pueden crearse rutinas para ayudar a tu hijo a ser un mejor corredor. Digamos que tu hijo está entrenando para una próxima prueba de condición física en la escuela que incluye correr una milla. Una rutina efectiva sería tener dos días fáciles, luego un fuerte día de entrenamiento en la pista, seguido por dos días libres. Por ejemplo, puede correr dos millas el lunes y el martes, cuatro millas el miércoles y luego tomarse dos días libres para descansar y comenzar otra vez desde el principio. Esta rutina le dará a tu hijo el corazón de un campeón.

➡ Intenta una rutina para tomar exámenes

Muchos atletas sobresalientes tienen rutinas de calentamiento. Vijay Singh, ganador de tres *majors* y uno de los mejores jugadores en el Campeonato de la PGA, tiene una rutina de calentamiento muy distintiva que usa en el campo de tiro. Primero, hace unos *swings* con un palo pesado. Luego hace varios *swings* de práctica con una toallita debajo de sus axilas. Luego remueve la toallita y hace algunos *swings* con los *wedges*. Cuando ya se siente que ha calentado, hace algunos *swings* con el palo número nueve y se mueve progresivamente en sus palos, terminando el ejercicio con el *driver*. Al final de su sesión, termina con algunos *wedges* fáciles.

Sigue la misma filosofía para ayudar a tu hija a desarrollar una rutina para los días en que tiene que tomar un examen. Esta puede incluir los siguientes pasos:

1. Repasa tus notas antes del desayuno.
2. Toma uno de tus desayunos favoritos (una pequeña recompensa para días como estos).
3. Repasa tus notas luego del desayuno.
4. De camino a la escuela, oye una canción designada «para días de exámenes», una canción que la anime mucho y que sólo oiga cuando tiene una prueba.
5. Diez minutos antes del examen, haz algunos ejercicios de relajamiento, donde te enfoques en respiraciones profundas.
6. Cuando la maestra reparta el examen, di: «Llegó el momento».

Este tipo de rutina coloca a tu hija en un estado mental disciplinado que la ayuda a completar cada prueba, y seguro enfrentará muchísimos exámenes durante sus años en la escuela.

➡ Desarrolla una rutina para «después del tiro»

Una rutina para «después del tiro» es una serie de pensamientos y conductas luego que has logrado el tiro. Esto pudiera ocurrir en básquetbol, golf, tenis y cualquier deporte en el que haya una corta espera antes del siguiente tiro. Además, este tipo de rutina se completa usualmente luego de un tiro deficiente o pobre, ayudando así a despejar la mente de imágenes negativas.

Una rutina para «después del tiro» tiene cuatro pasos. Primero, incluye un análisis de la causa para el tiro pobre. Segundo, hay una repetición del movimiento (sin la bola), pero esta vez con la corrección deseada. Tercero, el jugador visualiza el tiro deseado y la rutina concluye con una declaración que anima al jugador a recuperar su concentración en el presente. Por ejemplo, si un *forehand* en el tenis termina en la malla, el jugador primero determina la causa (por ejemplo, mucho movimiento de la muñeca). Luego el jugador repite el *forehand* con los movimientos deseados. El jugador entonces imagina dónde quería que la bola originalmente cayera en la cancha, y termina la rutina diciendo: «Venga el siguiente punto».

Una rutina para «después del tiro» permite al jugador salir de una situación pobre con una buena sensación y esto lleva a niveles más elevados de desempeño.

PARTE 4

VALENTÍA EMOCIONAL:
NO TENGAS MIEDO

La mayoría de nosotros le da la espalda a la posibilidad de fracasar. O cuando tenemos que encarar el fracaso, típicamente somos muy precavidos. Esto crea una actitud sobreprotectora y de mente cerrada. No podemos expresar nuestra creatividad y mente innovadora cuando operamos desde el miedo.

Los ganadores tienen valentía emocional. No temen. Cuando enfrentan una situación difícil, canalizan esa energía en una fuerza positiva. Individuos como Mel Brooks, Bill Russell y Jennifer Capriati se involucran en un audaz ataque, haciendo frente a sus temores para así llegar a la cima de su juego. Más importante aún, con frecuencia los campeones se arriesgan a fracasar para descubrir quiénes pueden llegar a ser verdaderamente.

¿Acaso tu hijo(a) toma riesgos importantes? ¿Va tras los retos? ¿Está dispuesto(a) a fracasar para aprender de esas experiencias? ¿Sabe cómo canalizar su energía negativa en energía positiva?

Esta sección arroja perspectiva sobre cómo tu hijo(a) puede usar sus miedos y fracasos para que le catapulte al siguiente nivel. Aprenderás cómo ayudar a tu hijo(a) a temer menos y a ver más allá del fracaso.

24

ENFRENTA TUS TEMORES

Cuando estaba filmando la película *Blazing Saddles* [Montura en llamas], a Mel Brooks le preocupaba una de las escenas. Esta era una comedia de vaqueros haciendo locuras; como por ejemplo, estar sentados alrededor de una fogata, comiendo frijoles y eliminando sus gases. Pero Mel temía que presentar a unos vaqueros golpeando a una anciana era llevar su comedia demasiado lejos. Estaba considerando eliminar la escena de la película. Entonces uno de sus amigos en el estudio le dijo: «Mel, si vas a subir hasta la campana, entonces tienes que hacerla sonar».

Luego de este incisivo mensaje de su amigo, Mel reflexionó por un momento, le gritó a los camarógrafos que comenzaran a filmar y, no es de sorprenderse que la escena haya resultado ser una de las cómicas en la película.

A partir de entonces, Mel «subía hasta la campana» siempre que se angustiaba al tener que decidir sobre una escena en sus películas.

El gimnasta Peter Vidmar «subió hasta la campana» en los Juegos Olímpicos de 1984, a pesar de que ocho meses antes del evento estaba destruido a causa del miedo. Todo comenzó en los Campeonatos Mundiales en Budapest, una competencia de «afinamiento» antes de los Juegos Olímpicos en Los Ángeles. Durante los Campeonatos, estaba atrapado en el segundo lugar antes de ir a las finales. Peter creía que si lograba una arriesgada maniobra al inicio de su rutina, sería el nuevo campeón mundial de la barra alta. El movimiento requería que rotara alrededor de la barra, se soltara, se elevara justo por encima de la barra dando un medio giro, bajara y sujetara la barra nuevamente. Ciertamente no era nada fácil, por no decir más.

No pudo aguantarse otra vez de la barra mientras bajaba y cayó de cara al suelo. Lo echó todo a perder. En sus propias palabras, se aterrorizó.

Después de aquella competencia, Peter se preguntaba si sería capaz de lidiar con la presión de las Olimpiadas. ¿Lo echaría todo a perder otra vez? ¿Tenía de verdad lo necesario?

Peter aprendió de aquella experiencia a encarar sus temores de frente y nunca dar nada por sentado, especialmente los riesgos en la barra. En lugar de eliminar aquella maniobra de su rutina en Los Ángeles, la practicó incansablemente durante los siguientes ocho meses.

Cuando Peter superó su miedo a caer y, a fin de cuentas, a fracasar, ascendió al tope de su juego. Mantuvo el movimiento en su rutina y ganó la medalla de plata en la competencia *all-around* [de todas las disciplinas], así como presea de oro en el caballo.

Eleanor Roosevelt una vez dijo: «Si huyes del miedo, si niegas su existencia, te perseguirá, te seguirá el rastro y crecerá en tamaño con cada paso». El miedo persigue a todo el mundo. La manera en que reacciones ante él puede ayudar a hacerte un campeón. Los padres deben tomar el consejo de Eleanor Roosevelt y ayudar a sus hijos a encarar sus miedos en vez de huir de ellos. Los siguientes ejercicios pueden ayudar a tus hijos a lidiar con sus temores.

⇨ Da un paso a la vez

Pídele a tus hijos que visualicen lo siguiente: Están caminando sobre un tablón de madera de tres metros de largo que está en el piso. Su meta es caminar de un lado al otro sin caerse. El tablón es lo suficientemente ancho para poner sólo un pie a la vez mientras lo cruzan. Pregúntales si estaban nerviosos cuando cruzaron el tablón.

Ahora pídeles que cambien de imagen. Están caminando sobre el mismo tablón, excepto que esta vez está a 300 metros de alturas en un área de construcción. Tienen que caminar sobre el tablón para llegar de un edificio a otro.

Pregúntales cómo han cambiado sus emociones con respecto a la caminata. En la mayoría de los casos, estarán mucho más «nerviosos» caminando sobre un tablón que está a 300 metros de altura en el aire. De igual manera, sus pensamientos no están en cruzar el tablón, sino en la posibilidad de caerse.

Ahora, sugiéreles que usen la misma imagen, excepto que su absoluto enfoque va a estar en dar un paso a la vez para cruzar el tablón; este es su único pensamiento: un paso a la vez.

Pídeles que te comenten cómo cambiaron sus emociones con este enfoque. En la mayoría de los casos, se sentirán menos nerviosos con respecto a cruzar el tablón.

Enfocarnos en el proceso ayuda a alejar nuestros pensamientos del fracaso, o en el ejemplo anterior, de caernos del tablón. Cuando nos enfocamos en dar un paso a la vez, estamos menos aprensivos sobre el resultado final, y a fin de cuentas, menos temerosos. Estar involucrados en el proceso nos permite controlar nuestras emociones.

Para reducir los temores en tus hijos, sugiéreles que se enfoquen en el proceso de la jornada en lugar del resultado final. Por ejemplo, esto incluye concentrarse en cada pregunta del examen en lugar de pensar en la nota, enfocarse en un tiro a la vez en el campo y no en el puntaje final, y concentrarse en la disertación frente a la clase y no en la manera en que van a reaccionar sus compañeros. Cuando los niños están involucrados en el proceso, tienen más control sobre sus temores y nerviosismo.

➡ Actúa como si...

Al igual que Mel Brooks, la mayoría de nosotros está continuamente en el proceso de tomar decisiones importantes. Muchos tememos tomar la decisión equivocada y, como resultado, nunca decidimos. Lo mismo puede ocurrirles a nuestros hijos. Si tienen miedo de tomar la decisión incorrecta, pueden dejar todo para después. Cuando pasas demasiado tiempo analizando la decisión, puedes paralizarte y nunca escoger.

Para superar este problema, sugiere que tus hijos «actúen como si...». Supongamos que la decisión para tu hijo adolescente gira alrededor de las alternativas que tiene para seleccionar la universidad correcta. Sugiérele que visualice las diferentes universidades a las que planifica asistir. (Tal vez primero puede dar un paseo virtual del recinto en la computadora.) Pídele que se visualice asistiendo a clases y conociendo nuevas personas en cada institución. La visualización que la haga sentir más cómoda es muy probable que sea la decisión correcta.

⇨ Mira a otros

De acuerdo con investigaciones sicológicas, uno de los mejores métodos para conquistar los miedos es mirar a alguien parecido haciendo eso que temes. Usa este principio con tu hijo(a) para conquistar sus miedos.

Por ejemplo, si tu hija tiene miedo de ejecutar cierta rutina en su clase de gimnasia, trata de que alguien que se parezca a ella ejecute la rutina primero; esto es, una niña más o menos de la misma edad, constitución física y estatura. O mejor aún, graba la rutina de la niña y que tu hija la vea varias veces. El mismo principio puede aplicarse a la música, oratoria, o cualquier otro deporte. Observar a alguien parecido puede cultivar en tu hijo(a) la confianza de que él o ella también puede lograr lo mismo.

25

MIRA MÁS ALLÁ DEL FRACASO

Erma Bombeck, autora de libros humorísticos como *The Grass is Always Greener over the Septic Tank* [La grama siempre está más verde sobre el pozo séptico] y *If Life is a Bowl of Cherries, What Am I Doing in the Pits?* [Si la vida es un bol de cerezas, ¿qué hago yo sacándoles las semillas?], no fue siempre una de las escritoras más exitosas en Estados Unidos. De hecho, fracasó muchas veces. Mientras daba un discurso frente a un grupo de estudiantes en su último año de universidad, Erma dijo que no estaba en el podio gracias a sus éxitos, sino más bien debido a sus fracasos. Le dijo a la audiencia que había grabado una comedia que sólo escucharon unos pocos, que hizo una serie cómica que duró lo mismo que duraba una caja de donas en su casa, y que había escrito una obra teatral para Broadway que nunca vio ni una luz de Broadway.

Pero aquellos fracasos cambiaron su vida. Erma comparó el fracaso con una embarcación. Aunque un barco está seguro en el puerto, no está supuesto a estar allí. Una embarcación está hecha para enfrentar el mar bravío. Si no estás fracasando no estás intentando nada diferente. No te estás retando a ti mismo. Todos los fracasos de Erma le permitieron encontrar pastos más verdes en otro lugar.

¿Le teme tu hijo(a) al fracaso? ¿Acaso no se están arriesgando demasiado por miedo a la desilusión? ¿Se están manteniendo en su zona de seguridad? ¿Están evitando las aguas agitadas de la vida?

Le tememos al fracaso porque no queremos parecer tontos. Si nos arriesgamos, hay una mayor posibilidad de que fracasemos y que nos vean como tontos. Por lo tanto, muchos de nosotros evitamos los retos y los riesgos importantes en nuestra vida.

He aquí una prueba sencilla para evaluar el temor al fracaso en tus hijos:

1. Busca una pelotita de tenis y coloca tres botes de basura a la distancia de uno, tres y seis metros, respectivamente, de una marca establecida.
2. Dile a tu hijo(a) que la meta del juego es encestar la bolita la mayor cantidad de veces posible en el bote de basura. (Si entra, rebota y se sale, cuenta como un punto.)
3. Luego pregúntale a tu hijo(a) desde qué distancia le gustaría tirar la pelotita.

Si tu hijo(a) escoge un metro o seis metros, puede que tenga una mayor tendencia a temer al fracaso. Un metro es un tiro seguro; tu hijo(a) no fallará desde esta distancia. Seis metros es demasiado difícil, así que no hay expectativas. En ambos casos, tu hijo(a) no parecerá tonto y por lo tanto, se reduce su miedo.

Pero tu hijo(a) puede que falle algunos tiros desde los tres metros de distancia. Seleccionar esta distancia no es ir «a la segura» e indica que a tu hijo(a) le gustan los retos y no le teme al fracaso.

Tener miedo a fracasar es un obstáculo seguro para la habilidad de tu hijo(a) de alcanzar su potencial. Los siguientes ejercicios deben ayudar a tu hijo o hija a superar el temor al fracaso.

➪ Despersonaliza el fracaso

Erma Bombeck decía que una sus claves cuando fracasaba era despersonalizar la situación: «Tú no eres un fracaso. Simplemente fracasaste al hacer algo».

Puedes enseñar este mismo mensaje a tus hijos. Ellos no son fracasos, sólo fallaron sus acciones. Asegúrate de que entiendan esto.

➪ Comparte la experiencia

¿Sabías que tocar un solo con cualquier instrumento musical produce un gran nivel de ansiedad?

El miedo de cometer un error en el escenario, y la creencia de que todo el mundo va a notarlo cuando lo haces, puede producir una experiencia que haga añicos tus nervios.

Hasta el gran violonchelista Yo-Yo Ma ha reconocido que todavía se pone nervioso cuando toca frente al público. Pero Yo-Yo Ma ha desarrollado una estrategia mental para calmar sus temores. En lugar de tratar de probarle a la audiencia sus aptitudes, se enfoca en compartir la música con la audiencia. Yo-Yo cree que compartir es una manera de comunicación con su público mucho más efectiva que probar cualquier cosa.

Sigue el ejemplo de Yo-Yo cuando se trata de reducir el miedo al fracaso en tu hijo. Si tu hijo es un músico, comenten sobre cómo puede compartir esa experiencia con otros. Explícale que la música es un regalo para la audiencia. Discutan cómo la música deleita al público y los pone en un mejor estado anímico. Ayúdale a quitar el énfasis en la necesidad de demostrar competencia o de impresionar con su talento.

⟳ Crea el diario «Más allá del fracaso»

Un antiguo proverbio budista dice: «La flecha que da en el blanco es el resultado de cien tiros fallidos». Debemos aceptar nuestros errores como una manera de progresar.

A Daria Hazuda, directora científica en Merck Pharmaceuticals, le encanta fallar. Hazuda dice: «Un experimento fallido es en realidad una rica fuente de información». En su negocio, los fracasos pueden ser el arma más potente para encontrar respuestas. Los experimentos fallidos con frecuencia sintetizan información para nuevas y emocionantes investigaciones.

Lamentablemente, la mayoría de las personas hace justo lo opuesto y evitan el fracaso a toda costa. La ironía es que mientras más temas al fracaso, más errores vas a cometer. Este temor provoca nerviosismo, lo que a su vez, puede disminuir la capacidad de desempeño. Por consiguiente, si cambias tu punto de vista del fracaso, los errores deben disminuir. Cuando ves el fracaso como una experiencia positiva en vez de un evento negativo, vas camino a cometer menos errores.

Mahatma Gandhi era un modelo en su actitud de ver los fracasos como una experiencia positiva. Gandhi veía su vida como un conjunto de experimentos, en la que cada experiencia le ayudaba a encontrar su camino a la autorrealización. Reflexionaba sobre cada fracaso, aprendía de él, compartía lo aprendido con otros y luego brincaba a la siguiente acción con mucho más vigor.

La creación de un diario «más allá del fracaso» ayudará a tu hijo a reflexionar sobre el fracaso bajo una perspectiva positiva. En este diario, pídele a tu hijo(a) que escriba cinco errores que cometió en su última competencia, práctica, prueba en el colegio u otra actividad, y que luego añada qué aprendió de cada error. Este proceso le ayudará a no quedarse atascada en sus errores pasados y enfocarse mejor en el conocimiento que ganó de la experiencia. Sin embargo, escribir en el diario lo que aprendió es sólo el primer paso. Para mejorar estas destrezas, tu hijo(a) debe poner en práctica este conocimiento. John Wooden, el legendario entrenador de básquetbol, dijo una vez: «El fracaso no es fracaso a menos que no lo haga cambiar».

26

ESCOGE UN APODO

A la edad de catorce años, Lori se había convertido en una de las mejores tenistas júnior en Estados Unidos. Dominaba con maestría sus tiros de cancha y superaba a otras jugadoras tanto con su *backhand* como su *forehand*. No obstante, Lori era bastante baja de estatura para su edad y no le gustaba acercarse a la malla. Creía que allí era muy fácil superarla, debido a su estatura, así que sencillamente «acampaba» en la línea de partida para ganar el match.

Su papá sabía que para que Lori llegara al siguiente nivel, tenía que jugar más agresivamente y atacar la malla. Un fin de semana, durante un receso entre sets y mientras discutían su estrategia de juego, el papá de Lori le preguntó si ella sabía lo que era un bombardero *stealth* [avión furtivo]. Lori le respondió: «Sí, es ese avión que los radares no pueden detectar».

Entonces, su padre le dijo: «Listo, de ahora en adelante, tu apodo va a ser Stealth... y quiero que te sientas como un bombardero *stealth* cada vez que te acerques a la malla. Simplemente recuerda tu apodo: vas a pasar por debajo del radar, tal como un bombardero *stealth*». Su padre quería que Lori creyera que su estatura era una ventaja en la malla, no una desventaja, y este apodo logró justo eso.

Aunque algunos apodos son juguetones y graciosos, el sobrenombre correcto puede estimular la confianza, realzar una actitud jovial y hasta cambiar un destino. Puedes preguntarle a Orel Hershiser.

Era el mes de mayo del 1984, el primer año de Orel en las mayores. Tenía un récord 2-2 y el promedio de bateo ante sus lanzamientos (ERA) era un terrible 6.20. Luego de un partido perdido por un corto margen, Ron Perranoski, el entrenador de lanzamiento, le dijo a Orel que Tommy Lasorda, el famoso entrenador de los Dodgers de Los Ángeles, quería verlo en su oficina. Nadie intimidaba tanto a Orel como Tommy Lasorda. A pesar de ser un líder entusiasta, podía ser impetuoso y gritón cuando quería hacer sentir su opinión. Verbalmente, Tommy Lasorda no tenía pelos en la lengua.

En la reunión, Lasorda le dijo a Orel que no tenía coraje debido a su técnica, sino debido a su actitud en el montículo. Lasorda le dijo que se veía asustado en la lomita. Lasorda comenzó a regañar furiosamente a su lanzador novato: «¿Quién crees tú que son estos jugadores en el plato? ¿Babe Ruth? ¡El Bambino está muerto!»

Luego Tommy cambió su táctica. Le dijo a Orel que él tenía lo necesario para triunfar, de lo contrario Lasorda no lo habría traído a las mayores. Le dijo que creía en Orel, pero que Orel necesitaba tomar control, atacar a los bateadores y ser un buldog en el montículo. Con esta perspectiva, le gritó: «¡Y de ahora en adelante, te voy a llamar Buldog!»

Mientras caminaba hacia el montículo en el siguiente juego, Orel oyó a Tommy gritarle: «Vamos Buldog, yo sé que puedes hacerlo».

Desde ese momento en adelante, Orel perdió su miedo y actuó como un tenaz guerrero. Un apodo y una leyenda nacieron de aquella reunión.

⇨ Crea un apodo

Las posibilidades de apodos son interminables. Encontrar el correcto para desarrollar una característica particular puede tomar algo de tiempo, pero ese tiempo invertido pagará grandes dividendos. El apodo *Stealth* le dio a Lori la confianza que necesitaba para acercarse a la malla. Visualizarse a sí mismo como un buldog hizo a Orel sentirse como un peleador en el montículo.

Como padre, la clave es ayudar a tu hijo a encontrar un apodo que provoque que esos sentimientos y esas acciones ganadoras se manifiesten. Para lograr este proceso, piensen y comenten varias ideas. Primero, escriban cinco posibilidades y los sentimientos correspondientes que inspiran.

Apodo	Sentimiento(s) que promueve
1. _____	_____
2. _____	_____
3. _____	_____

4. _____   _____
5. _____   _____

Luego, discute con tu hijo(a) los beneficios y desventajas de cada apo-do. Puede que algunos apodos funcionen y otros pueden ser problemá-ticos. Por ejemplo, el apodo *Super Glue* puede ser una posibilidad para un baloncestista que quiere sentir que puede pegarse como «pegamento [glue]» cuando está jugando defensa. Sin embargo, sus amigos pueden burlarse por este inusual apodo, lo que podría causar problemas.

Pídele a tu hijo que te dé ideas. Su imaginación, creatividad y conoci-miento puede sorprenderte. Un nombre que él o ella piense de sí mismo(a) va a ser el más efectivo.

↻ Escoge un eslogan

Un eslogan, o una frase energética de tu filosofía, puede guiar las actitudes y acciones de tu hijo(a). El eslogan de John McEnroe, el afamado tenista mun-dial, es «Siempre ve hacia adelante». John decía que su deseo es siempre ir ha-cia delante en su vida. Quiere siempre aprender algo nuevo y tratar cada día de ser un mejor ser humano. Además de ser jugador de tenis, John ha tocado guitarra en una banda y ha sido anfitrión de su propio programa de entrevis-tas. Actualmente, es comentarista en la televisión de partidos de tenis.

Ayuda a tu hijo(a) a crear este eslogan. He aquí algunos ejemplos:

- Confío en mis destrezas.
- Sigue aprendiendo, siempre.
- Nunca te rindas ni te des por vencido.
- Soy el capitán de mi barco.
- Asegúrate de estar bien, luego sigue adelante.
- Trátate bien.

27

HAZ QUE TUS MARIPOSAS VUELEN EN FORMACIÓN

Mónica llegó llorando a su casa. Una chica muy cruel la provocaba continuamente en la escuela y estaba muy molesta. Esta situación de burla venía ocurriendo hacía ya varias semanas. Al principio, la mamá de Mónica le dijo que la ignorara, pero eso no funcionó. Luego le recomendó a Mónica que le contestara cualquier cosa usando un tono sarcástico cada vez que la cruel compañera le dijera algo. Pero esto tampoco resultó.

Entonces, la mamá de Mónica le dijo a su hija que debían inventarse una historia sobre la chica cruel. La historia comenzó describiendo cómo esta chica cruel vivía con cinco hermanas mayores que continuamente la provocaban. La mamá de la chica cruel no cuidaba de ella y su padre las había abandonado cinco años atrás. En aquella casa no había dinero suficiente ni siquiera para comprar comida, ni mucho menos para ropa nueva. La mamá de Mónica dijo: «De ahora en adelante, cada vez que esta muchacha te haga cualquier cosa desagradable, simplemente recuerda esta historia».

Al día siguiente en la escuela, se le acercó la chica cruel a Mónica, y como de costumbre, comenzó a provocarla. Pero esta vez Mónica pensó en la historia y sintió compasión por la chica cruel. Todas las provocaciones e insultos le rebotaron, tal como si llevara puesta una armadura emocional. La historia había hecho que Mónica mirara a esta chica bajo una luz completamente distinta. Más importante aún, la chica cruel supo que algo había cambiado en la interacción de ambas y nunca más molestó a Mónica.

La mamá de Mónica usó un principio de desempeño que los psicólogos han estado estudiando por treinta años: la forma en que interpretamos una situación influirá la manera en que nos sentimos. Cuando Mónica miró a la chica cruel con ojos de compasión en lugar de ojos de ira, sus sentimientos cambiaron extraordinariamente.

Cambiar las etiquetas que le ponemos a una situación puede alterar radicalmente nuestras emociones. Mira este ejemplo: tu hijo cierra de golpe la puerta en tu dedo cuando se está bajando del auto, pero tú crees que fue accidental. Probablemente sientas mucho dolor y tal vez algo de coraje. Sin embargo, si crees que tu hijo cerró de golpe la puerta en tu dedo *intencionalmente*, tu coraje va a eclipsar significativamente tu dolor. Al cambiar tu interpretación de la situación, cambian también tus emociones.

Este principio de desempeño funciona muy bien cuando se trata de controlar emociones tales como la ansiedad y sentimientos de estar bajo presión. La gente exitosa etiqueta la presión de tal manera que se vuelve beneficiosa, y a cambio, la presión se vuelve su amiga. Los siguientes ejercicios les enseñan a tus hijos cómo sacar provecho del poder de la ansiedad.

⟿ Canaliza la presión

Para una estrella de atletismo, las Olimpiadas son el pináculo de la presión. Y no hay ninguna competencia en las Olimpiadas más llena de tensión que las finales en un evento de atletismo. Pero ese estrés y tensión alimentaba el fuego en la estrella de atletismo Michael Johnson, y decía: «Yo anhelo esa presión. Mientras mayor sea el premio, mejor es mi desempeño». Michael recibió esta presión con los brazos abiertos y luego la utilizó como un catalizador para su asombrosa velocidad. Johnson usó en su favor el poder de la ansiedad, una ventaja que le ayudó a ganar la medalla de oro tanto en los 100 metros, como en los 200 metros en los Juegos Olímpicos del 1996.

Comenta este ejemplo con tus hijos. Seguramente ellos sentirán presión antes de tomar un examen, antes de subir al escenario para un recital o antes de correr al campo de juego antes de una competencia. Lamentablemente, la mayoría de los niños etiqueta la presión y la ansiedad como emociones negativas. Interpretan las mariposas en el estómago y las palpitaciones como analogías al iceberg que destruyó al *Titanic*: ven esos sentimientos de nerviosismo como el camino a un inminente desastre.

Como padres, su meta debe ser ayudar a sus hijos a transformar la ansiedad en una fuente de energía positiva. Esto puede lograrse con una reinterpretación (cambiar la etiqueta) de la situación, tal como hizo la mamá de Mónica con su hija.

Existe un antiguo refrán en sicología que dice: «Está bien sentir mariposas. Sólo asegúrate lograr que vuelen en formación». Estar ansioso no necesariamente perjudica el desempeño. De hecho, la ansiedad tiene el potencial de aumentar nuestra capacidad para llevar a cabo extraordinarias hazañas.

Convence a tu hijo(a) que las mariposas son algo que debe aceptar como un regalo. Cuando estamos ansiosos, hay un incremento de hormonas en nuestro cuerpo que estimula la precisión de nuestra vista, aumenta la agudeza de nuestra audición y acentúa la precisión de nuestro sentido de tacto y sensación. Estas hormonas también pueden intensificar nuestro enfoque, así como acelerar nuestro paso y ritmo en la pista.

He aquí algunas oraciones que pueden ayudar a reinterpretar la presión como una fuerza positiva:

1. Me encanta esta sensación.
2. Las mariposas me ayudan a volar por la pista.
3. Cuando me siento así, sé que estoy listo(a).
4. Siento una oleada de energía.
5. ¡Me encanta este reto!

Mihaly Csikszentmihalyi, autor del best seller *Flow* [Fluir], enfatiza la importancia de re-etiquetar cuando dice: «De todas las virtudes que podemos aprender, ningún atributo es más útil, más esencial para la supervivencia y más propenso a mejorar la calidad de vida que la habilidad de transformar la adversidad en un reto agradable». Persuade a tu hijo(a) para que aproveche esa energía y la canalice en algo maravilloso.

➡ Mira la ansiedad como una llamada de advertencia

Anima a tus hijos a que acepten la ansiedad como una llamada de advertencia. Sentirse nervioso ante la posibilidad de no tener un buen desempeño puede hacernos reevaluar nuestro estado de preparación para un evento que se acerca.

Los psicólogos llaman a esto preocupación constructiva pues te coloca en el camino a una mejor preparación. Cuando se acepta, la ansiedad puede hacer que tu hijo estudie más y practique más, llevándole así a un mayor éxito en cualquier situación.

Cuando tu hijo(a) no se sienta nervioso(a) antes de un evento importante, entonces es momento de preocuparse.

28

Deja de preocuparte por lo que otros piensen

Nuestra condición humana nos lleva a preocuparnos por lo que otros piensan de nosotros. Tenemos una gran necesidad de demostrar nuestra capacidad, y cuando creemos que nuestras acciones o conductas dicen otra cosa, podemos sentirnos extremadamente nerviosos y controlados por la ansiedad. Albert Einstein llamó «una prisión» al enfocarse en el afecto de parte de otros. Cuando nos volvemos prisioneros de lo que otros piensan, nunca podemos alcanzar nuestro potencial.

Sin embargo, esta prisión mental de inseguridad humana no es algo nuevo. Esopo escribió sobre esto en una de sus fábulas hace más de mil años atrás. En esta historia un padre y su hijo llevaban su asno al pueblo para venderlo. Su travesía los llevó a través de varias aldeas vecinas. Cuando llegaron a la primera aldea, un grupo de mujeres se burló de ellos porque estaban caminando al lado del asno en lugar de montarlo. Luego de escuchar esto, el padre sugirió que su hijo montara el asno. Cuando llegaron a la siguiente aldea, un aldeano vociferó que el hijo no respetaba a sus mayores y que el hijo debía dejar que su padre montara el asno y así descansara sus muy fatigadas piernas. Luego de escuchar esto, el padre le pidió al hijo que desmontara para que así él pudiera montar el asno. En la siguiente aldea, una mujer comentó que era una vergüenza que el padre permitiera que su hijo caminara. Sin saber qué más hacer, el padre subió al hijo al asno y cabalgaron juntos. Cuando llegaron a la siguiente aldea, les criticaron por sobrecargar al asno. Así que decidieron cargar el asno con sus patas atadas a un poste. Mientras cruzaban un puente, el asno se soltó de una de sus patas, provocando que al hijo se le cayera su extremo del poste. El asno se cayó del puente, llegó hasta el río y se ahogó. El padre entendió que cuando tratas de complacer a todo el mundo, no complaces a nadie y en el proceso puedes perder tus más preciadas posesiones.

La presión de tratar de agradar a todo el mundo sacó a Jennifer Capriati de la gira de mujeres tenistas. En 1991, con apenas catorce años, Capriati era un fenómeno en el tenis con un brillante reflector sobre su carrera, que a veces resultó demasiado radiante. Al principio, su carrera tomó un giro ascendente cuando llegó a las semifinales en tres *Grand Slam* y ganó la medalla olímpica en Barcelona en 1992. Sin embargo, luego su carrera fue en picada y para finales de la temporada de 1993 había abandonado el circuito.

Más dramáticas aún fueron las noticias de un arresto por drogas y un incidente de robo en una tienda. Había llegado al fondo del pozo.

Luego de una sabática de varios años, Capriati regresó al tenis femenino con un renovado sentido de vigor y entusiasmo. Venció a Martina Hingis, la jugadora número uno en el mundo en aquel entonces, y ganó de esta manera su primer *Grand Slam* en Australia.

Jennifer fue capaz de lograr su dramático regreso al mundo del tenis femenino porque dejó de preocuparse por la opinión de los demás y aprendió ignorar todo lo negativo que se había escrito sobre ella. Al fin de cuentas aprendió a pasar por alto lo que otros pensaban de ella y esto le trajo paz mental.

Esta preocupación sobre cómo los demás nos ven se extiende también a otros deportes. Pregúntale a Ian Baker-Finch, el ganador del British Open en 1991. En un lapso de siete años a partir de su importante victoria, Ian se había retirado del golf profesional. Muchos factores contribuyeron a esta decisión: una fue su humillante puntuación de 92 en la ronda de apertura del British Open en Trono y otra fue sus treinta y dos *cuts* fallidos en línea en el torneo. Sin embargo, Ian dijo que lo que al fin de cuentas provocó que abandonara el tour fue la presión de lo que todo el mundo estaba pensando sobre su pobre desempeño: «Lo que me gustaría ser capaz de hacer sería cambiar mi nombre, regresar en un cuerpo diferente y salir a jugar sin la presión de ser Ian Baker-Finch».

La actuación es otra disciplina donde enfocarse en lo que otros están pensando puede terminar una carrera o simplemente arruinar una presentación. Laura Linney, quien ha aparecido en muchos éxitos taquilleros de Hollywood, dice que los actores nunca pueden tener éxito si están preocupados por la manera en que otros los ven; una vez que estás demasiado consciente de ti mismo, estás arruinado como actor.

Lamentablemente, estamos condicionados a enfocarnos en lo que otros están pensando de nosotros. Los medios de comunicación nos bombardean con mensajes que nos dicen que dediquemos tiempo y energía en lo que estamos vistiendo, en cómo estamos desempeñándonos y a quién estamos impresionando.

Afortunadamente, enfocarse en las necesidades de otros puede transformar ese pensamiento. Puede hasta impulsar una carrera... sólo pregúntale a Carly Simon.

➡ Enfócate en las necesidades de otros

Debido a su hermosa voz, tal vez te sorprenda saber que Carly Simon tartamudeaba cuando era niña. Algunas veces tartamudeaba tanto que apenas podía hablar en público.

Sus temores la incapacitaban de tal manera que podía realmente enfermarse en la mañana. Debido al temor de que los otros estudiantes se burlaran de ella, sentía pavor de ir a la escuela. Su enfoque en lo que otros pensaban de ella provocó que sus problemas se volvieran aún más severos.

Entonces una mañana, después de un incidente particularmente difícil, su madre le dijo: «Si empiezas a pensar en otras personas y no en ti misma todo el tiempo, puede que comiences a estar menos consciente de ti misma». Su madre creía que Carly podía vencer sus inseguridades si se enfocaba en las necesidades de los demás.

La estrategia funcionó. La transformó. Carly comenzó a interesarse genuinamente en otros. Al enfocarse en otros, no sólo se liberó de su tartamudez, sino que también se volvió la chica más popular de su clase.

¿Acaso tu hijo está demasiado consciente de sí mismo? ¿Se enfoca principalmente en lo que otros piensan de él? Ayúdale a que se enfoque en las necesidades de otros en su clase o en la comunidad. Puedes usar preguntas como estas:

- ¿Cómo mostraste hoy compasión por otros?
- ¿Cómo ayudaste hoy a otros estudiantes en tu clase?
- ¿Cómo ayudaste hoy a tu comunidad?

El cuestionar a tu hijo con respecto a esto le ayudará a quitar su enfoque de la preocupación sobre lo que otros piensan. El desarrollar un interés por otros debe liberar a tu hijo(a) de la prisión mental de querer complacer a otros a toda costa. De esta manera, puede lograr interiorizar la moraleja de la fábula de Esopo y «montar el asno» sin miedo por cualquier camino.

SÉ RACIONAL

Joseph Campbell, autor de muchos libros sobre mitos culturales, narró en uno de sus libros la historia sobre un proverbio de los indígenas estadounidenses. En este dicho, un anciano está aconsejando a los niños de la tribu sobre el día de su iniciación en la adultez. El anciano les dice a los niños que mientras uno va por la vida, enfrentará muchos abismos enormes. Pero, cuando los veas, salta... pues nunca son tan anchos como parecen.

Tal como descubrió Campbell, todas las culturas tienen creencias similares con respecto a la vida. Un tema prevaleciente es que nuestros temores se pueden volver exagerados en nuestras cabezas. Hace muchos siglos, William Shakespeare reconoció este tema en *Macbeth* y creó la famosa línea: «Los temores presentes son menos horribles que los imaginarios». Tendemos a tener temores irracionales y creencias irracionales. Cuando estas crecen fuera de proporción, nuestro crecimiento emocional se atrofia.

Hasta los buenos atletas son susceptibles a tener creencias irracionales que pueden prevenirles de tener sus mejores desempeños. El estupendo e insuperable lanzador de los Dodgers, Sandy Koufax es uno de estos ejemplos. Cuando Sandy comenzó a jugar en las Grandes Ligas, creía que tenía que lanzar dardos para lograr que el bateador se «ponchara». Es decir, tenía que lanzar la pelota con mucha precisión o de lo contrario el bateador lograría un *hit*. Eso, por supuesto, no es cierto. Pero esa creencia irracional con respecto a la precisión provocó que Sandy sintiera una presión excesiva. Irónicamente, tratando de alcanzar esa precisión, Sandy estaba perdiendo su control. Esta creencia irracional estaba causando un deterioro en su ejecución en el montículo.

Para ayudar a Sandy a superar esta creencia, su receptor, Norm Sherry, le explicó que podría «ponchar» a los bateadores si ampliaba su blanco. En lugar de usar el guante como blanco, a Sandy le dijeron que usara el cuerpo de Norm como el marco de referencia para el lanzamiento. Con un blanco más amplio, Koufax ya no trató más de ser un lanzador de dardos. Sencillamente dejaba que la bola volara, y este «vuelo» logró el objetivo. Logró lanzar cuatro juegos sin que le anotaran ni siquiera una carrera y terminó en el Salón de la Fama.

Albert Ellis, uno de los más prominentes psicólogos del siglo veinte, entendía cómo las creencias irracionales podían ser devastadoras para el crecimiento personal. Ellis desarrolló la Terapia de la Conducta Racional Emotiva, que funciona sobre el concepto de que muchas de nuestras ansiedades resultan de creencias irracionales. Para disminuir nuestra ansiedad, necesitamos cambiar nuestras creencias irracionales por pensamientos más racionales. Cuando logramos este proceso, abrimos nuestros canales para el crecimiento humano.

Tal como dice el proverbio amerindio, tus hijos enfrentarán muchos abismos en sus vidas. En ocasiones, creerán equivocadamente que deben dar la vuelta y correr, en lugar de saltar.

Los padres deben enseñar a los hijos cómo reconocer estos temores irracionales así como la manera de cambiarlos en pensamientos más realistas. Cuando alcancen este entendimiento, tus hijos alcanzarán su potencial. Los siguientes ejercicios ilustran algunos de los principios de la Terapia de la Conducta Racional Emotiva para que así los padres puedan ayudar a sus hijos a saltar los abismos ficticios en la vida.

➪ Racionaliza el problema

Albert Ellis presentó una lista de creencias irracionales que mucha gente tiene que pueden causar un aumento en ansiedad, tales como:

- Tengo que caerle bien a todo el mundo.
- Siempre tengo que parecer competente.
- Todo debe salir tal como lo planificado o si no es un desastre.
- Hoy tengo que solucionar todos los problemas.
- El éxito para mí es todo o nada.
- La vida debería ser justa.

Es posible que tu hijo tenga algunas de estas creencias irracionales, así como otras que no están en la lista, que pudieran estar limitando su potencial y provocando un estrés infundado. Para cambiar sus creencias irracionales por pensamientos más racionales, sigue un sencillo proceso de tres pasos.

1. Pídele a tu hijo que haga una lista de preocupaciones y pensamientos sobre un evento específico; por ejemplo, una audición que se acerca, jugar en el equipo de fútbol, pedirle a una chica que le acompañe en una cita.

2. Repasen la lista y discutan si estas creencias están cimentadas en la realidad. Haz que compruebe si estas creencias son ciertas o no. Pregúntale porque esta creencia es cierta. Pídele que te explique con algunos datos. En ocasiones la creencia será cierta, mientras que en otras resultará ser sólo un miedo irracional arraigado en un mito o ilusión. Es importante para tu hijo que tenga esta revelación sin que tú se lo digas.

3. Pregúntale si estas creencias están bloqueando su desempeño. ¿Están estas creencias obstaculizando su éxito? Si tu hijo descubre que le están causando problemas, es muy probable que cambie.

He aquí un ejemplo basado en una creencia: «Tengo que caerle bien a todo el mundo». Es posible que tu hijo tenga este miedo irracional cuando juega béisbol. Puede sentir que si comete un error, o varios errores, sus amigos del equipo van a rechazarlo. (Esta es una creencia típica que tienen muchos niños y muchas niñas que juegan en equipos.)

Pregúntale si en algún momento ha cometido errores en el equipo. Su respuesta será, por supuesto, afirmativa. Luego, pregúntale si ha perdido alguna amistad debido a sus errores. Lo más probable es que la contestación sea no. Entonces discute con él cómo ha cometido errores en el pasado sin perder amistades. Comenten sobre cómo este patrón debe repetirse en el futuro: los errores en el futuro no deben afectar sus amistades, no más que los errores en el pasado. Ayúdale también a entender que si pierde un amigo debido a un error, entonces esa persona no era realmente un amigo y, por lo tanto, no fue una pérdida.

Además, pregúntale de qué manera esta creencia de que tiene que caerle bien a todo el mundo ha afectado sus sentimientos. Lo más seguro es que te diga que su miedo de perder amistades debido a sus errores aumenta sus sentimientos de presión para jugar bien. Sugiérele que esos sentimientos están afectando su ejecución. Si cambia esta creencia ficticia, debiera sentir menos presión y por ende, jugar mejor.

⟲ Rechaza el miedo al rechazo

El temor al rechazo es otra creencia irracional que puede bloquear el éxito de tu hijo. Somos muy protectores de nuestro ego (autoestima) y por lo tanto, no nos gusta el rechazo. Haremos lo que sea necesario para evitar el rechazo y proteger nuestro ego. Sin embargo, en la mayoría de los casos, el rechazo no es remotamente tan malo como lo hacemos parecer. Este miedo se torna exagerado en nuestra cabeza, y se vuelve más horrible en la mente que en la realidad.

Para ayudar a tu hijo a superar su miedo al rechazo, háblale sobre algunos de tus pasados rechazos. Sé sincero. Déjale saber cómo te sentiste. También, explícale qué aprendiste de estas experiencias de rechazo. Otro método de superar el rechazo es siendo rechazado algunas veces. Una vez que ocurre, tu hijo descubrirá que no es tan terrible. Crea algunas experiencias de rechazo para tu hijo (¿suena interesante, no?) Por ejemplo, sugiérele que solicite un trabajo. Asumamos que tu hija tiene catorce años y seguramente no obtendrá el trabajo debido a su edad. También puedes escoger un trabajo que no le guste mucho. Luego de este rechazo (si es que ocurre), comenten sobre los sentimientos de ella con respecto al rechazo y explícale que el rechazo en sí mismo no fue algo tan terrible.

Otra técnica para ayudar a tu hija a superar el rechazo es implementando el ejercicio «¿qué es lo peor que puede pasar?». Por ejemplo, imagina que tu hija está en la orquesta en el escenario, tocando una pieza musical. ¿Qué es lo peor que puede pasar? Que falle algunas notas durante la pieza. Explícale que algo así no sería catastrófico. Sencillamente debe seguir tocando y la mayoría de las personas ni siquiera notará su error.

O supongamos que tu hijo es el arquero en su equipo de fútbol. ¿Qué es lo peor que puede pasar? Tal vez que el equipo contrario anote cuatro goles. ¿Acaso es eso realmente terrible? Explícale que muchos arqueros profesionales permiten más goles que esos en cada juego. Más aún, explícale que siempre existe la siguiente semana para prevenir los goles.

O supongamos que tu hija le pida a un chico que sea su pareja en el baile del colegio. ¿Qué es lo peor que puede pasar? Que diga que no.

Claro está, puede que duela, pero como dice el refrán: «Hay muchos peces en el mar».

➪ Libérate del síndrome de la perfección

Carl Jung, el famoso psicólogo de mediados del siglo veinte, una vez se lamentó diciendo: «La perfección pertenece a los dioses; a lo más que podemos aspirar es a la excelencia». Carl Jung está en lo cierto. Ser perfectos es imposible. Creer que debemos ser perfectos es irracional. Más importante aún, el afán por la perfección causa una presión infundada. Enséñale a tu hijo a eliminar a toda costa el énfasis en la perfección. Es irracional que tu hijo piense que tiene que obtener todas las respuestas correctas en cada prueba. Tu hija sufrirá de estrés si cree que su ajuar tiene que estar perfecto. Es muy probable que tu hijo sienta demasiada ansiedad si cree que no puede cometer ningún error ni hacer ningún mal tiro en el campo de golf.

Enséñale a tu hijo a esforzarse por alcanzar la excelencia. La perfección, en la mayoría de los casos, es humanamente imposible.

30

CREA SUPERSTICIONES POSITIVAS

La vida está repleta de supersticiones. Mucha gente evita el número trece. Otros no caminan debajo de una escalera y evitan romper cualquier espejo. Algunos evitamos pisar grietas y cruzar frente a un auto negro. Creemos que violar estas supersticiones nos traerá mala suerte.

El deporte tiene su dosis de conducta supersticiosa. Tomemos a Chi-Chi Rodríguez, la estrella puertorriqueña del golf, como un excelente ejemplo de un alma supersticiosa. En cualquiera de sus rondas llevaba consigo una piedra de la suerte. Siempre seleccionaba su bola con la «cara» hacia arriba. Cuando tenía un *birdie putt*, seleccionaba la bola con una peseta. Si tenía una buena ronda, usaba la misma ruta desde el campo de golf y hacia éste.

Ben Crenshaw es otro golfista que disfruta sus supersticiones. Sólo juega con bolas de números bajos, del uno al cuatro. No quiere tener una puntuación mayor que la cantidad marcada en la bola, así que prefiere no usar ningún número alto en sus bolas de golf.

En el tenis, Bjorn Borg nunca se afeitaba durante sus días de Wimbeldon. Ken Flach, ganador de dobles en Wimbeldon y el U.S. Open, tenía un ritual particular luego de una anotación: sólo caminaba en el *alley* de los dobles cuando el punto había terminado y nunca caminaba sobre el *tee* de la cancha de tenis.

Wade Boggs, el jugador exaltado al Salón de la Fama del béisbol, tenía su famoso ritual del pollo: le gustaba cenar pollo antes de sus partidos de béisbol. David Toms también creía en el «poder del pollo». Al comienzo del campeonato PGA del 2001 no estaba jugando muy bien. Se comió un plato de pollo de Chick-fil-A y jugó realmente bien su ronda al día siguiente. Así que, continuó comiendo pollo luego de cada ronda y ganó su primer campeonato importante aquella semana.

También los escritores de literatura maravillosa tenían sus supersticiones. Charles Dickens, autor de *A Christmas Carol* [Cuento de Navidad], creía que cuando su rostro estaba dirigido hacia el norte aumentaban sus niveles de energía para escribir. Gertrude Stein disfrutaba escribir mientras esperaba en el cruce de ferrocarriles. Creía que el ruido del tren la ayudaba a alcanzar sus pensamientos creativos.

Además, las artes están matizadas de conductas únicas. Andrew, un joven concertista de violín, da tres golpecitos en el estuche de su instrumento antes de abrirlo el día de sus recitales. Samantha, una artista, nunca usa el color «púrpura pasión» porque cree que este color tiene connotaciones negativas, y no quiere arriesgarse a que su audiencia tenga una mala impresión de sus pinturas.

Si bien es cierto que estas conductas pueden parecer extrañas, cada una de ellas responde a un propósito. La vida es muy impredecible. Querer controlar nuestro mundo es parte de la naturaleza humana. Las supersticiones nos proveen un aparente sentido de control. Al practicar cierta acción, creemos que tenemos una mayor influencia en el resultado. Esto es, si Chi-Chi marca su bola con una peseta en lugar de un vellón, él cree que es más probable que el *putt* entre debido a su acción. Si no caminamos debajo de una escalera, creemos que nuestros días estarán llenos de noticias maravillosas.

¿Son buenas las supersticiones para nosotros?

El aparente sentido de control derivado de nuestras supersticiones puede darnos paz mental y una actitud más relajada. Creemos que tendremos un mejor desempeño si practicamos estas supersticiones, lo que elimina algo de la presión que sentimos. Y realmente, si estamos más relajados, probablemente tendremos un mejor desempeño.

¿Tienen tus hijos algunos pensamientos o conductas supersticiosas antes de su ejecución?

Algunas supersticiones pueden ser positivas, mientras que otras pueden ser contraproducentes para los logros de tu hijo. Los siguientes ejercicios ayudarán a tu hijo a evitar las supersticiones negativas, mientras crean algunas positivas.

➪ Evita las supersticiones negativas

Algunas supersticiones pueden reducir nuestras oportunidades de tener un buen desempeño. Por ejemplo, una mañana nuestra hija no tomó su desayuno y jugó su mejor partido de tenis en mucho tiempo. Ahora mantiene esta conducta y no toma desayuno antes de sus juegos. Ella cree que el desayuno le añade peso y reduce su velocidad. Sin embargo, es una mala decisión nutritiva eliminar la comida más importante del día.

Otro problema puede ocurrir cuando un jugador tiene una sensación de ir cuesta abajo por no haber tenido la oportunidad de practicar su conducta supersticiosa antes de un evento. Digamos que tu hija tiene el ritual de usar una muñequera cuando juega baloncesto. Pero el día de un juego importante, pierde su muñequera favorita y cree que va a jugar terriblemente sin ella. Claro está, la muñequera no influye su juego, pero si ella cree que lo hace, entonces la ausencia de esta probablemente afecte su desempeño.

Para evitar cualquier posible complicación con las supersticiones negativas, pídele a tu hija que haga una lista de su ritual antes de un juego. Analicen juntos la lista. Discutan el racionalismo defectuoso detrás de las supersticiones negativas y por qué pueden volverse problemáticas.

⇨ Crea supersticiones positivas

¿Por qué no ayudar a tu hijo a desarrollar «supersticiones» que promuevan un mejor juego?

Joey Sindelar, un profesional de la PGA, comienza todos sus *par five* con una bola nueva. Una bola de golf puede perder su forma redonda muy fácilmente, por lo tanto esta creencia le ofrece más oportunidades de tener una mejor puntuación.

He aquí una lista de supersticiones positivas que pueden añadir algo al buen juego de tu hijo(a):

- Usar dos pares de medias en cada pie: esto le da un mejor soporte a sus tobillos.
- Sacar puntas a los lápices antes de cada prueba: esto promueve que escriba más claro y la maestra puede leer mejor al hacer su evaluación.
- Limpiar su instrumento antes de cada recital: un instrumento reluciente puede ayudar a influenciar a los jueces.

- Comer un desayuno nutritivo antes de cada examen o competición: el desayuno ayuda a despertar la mente y el cuerpo para comenzar la acción.

Ayuda a tu hijo a desarrollar hábitos positivos que no sólo aumenten su buena suerte, sino que también añadan a su excelente juego.

31

Vacúnate contra el ahogamiento

«Toco esta pieza muy bien en casa», Carlos le dijo a su maestra de orquesta. «Pero cada vez que la toco para usted o frente a la clase, me sale mal». Confundido, Carlos añadió: «Sencillamente no sé por qué siento que me asfixio delante de usted y de mis amigos».

«Consecuencias», contestó la maestra. «Practicas sin consecuencias y entonces cuando sientes presión, cuando tienes consecuencias, es un animal diferente y cometes errores. Necesitas practicar con consecuencias. Necesitas poner presión sobre tu ejecución cuando ensayas. Por ejemplo, cuando ensayas la pieza en tu casa, crea una regla en la que tengas que darle un vellón a tu hermanito cada vez que cometas un error. Tal vez tu hermanito se vuelva más rico, pero su nueva riqueza va a prepararte a ti mentalmente para el siguiente recital».

Los «Flying Wallendas» conocen la importancia de las consecuencias y viven por este principio en sus rutinas de práctica. Este grupo de trapecistas hace sus maniobras sin usar una malla protectora. Han llevado a cabo sus acrobacias más peligrosas a sesenta metros de altura sin una malla. Esta rutina es lo que los ha hecho tan famosos.

Lo que la mayoría de las personas no sabe sobre los Wallendas es que también practican sin malla. Ellos entienden el principio de practicar con consecuencias. Si practicaran con la malla de protección y luego la eliminaran para sus presentaciones, tal vez se pongan más nerviosos y tengan una pobre ejecución, posiblemente cayendo hacia su muerte. Las prácticas sin la malla y luego sus presentaciones sin ella les aseguran que nada ha cambiado. Estos ejercicios tienen tanta concentración en las prácticas como en las presentaciones con público.

Para tener sus mejores ejecuciones bajo condiciones de mucha presión, los Wallendas usan el principio de similitud circunstancial. Los psicólogos de atletas han sabido por mucho tiempo que la mejor manera de prevenir el ahogamiento o asfixia bajo presión es creando situaciones de práctica que sean lo más similares posible a las situaciones de ejecución. En esencia, cuando las situaciones de práctica imitan las condiciones de presión, los individuos tendrán una mejor transferencia de destrezas al plano real de ejecución.

Los padres que ayudan a crear situaciones de presión en las prácticas pueden ayudar a sus hijos a sentirse más en paz en el mundo competitivo. Preparar a tus hijos para sentirse cómodo en medio de lo incómodo es la clave para ayudarles a tener sus mejores desempeños bajo presión. Los siguientes ejercicios ayudarán a vacunar a tus hijos contra el ahogamiento.

➭ Practica tu realidad

Para vacunar a tus hijos contra el ahogamiento, es necesario que ellos entiendan cómo reaccionar cuando enfrentan momentos cargados de presión. Para lograr esto, necesitan poner presión sobre ellos mismos durante la práctica. Adam Vinatieri —tal vez el mejor pateador en la historia de la NFL (National Football League, por sus siglas en inglés)— aplica presión cuando practica. Durante sus prácticas, siempre patea con su casco puesto y abrochado. Les pide a los oficiales del equipo que hagan ruidos similares a los que hace el público en los juegos. Adam registra el tiempo de cada pateo que hace en las prácticas, desde el momento que pasan el balón hasta que él lo patea, asegurándose de que nada cambie entre las prácticas y un juego real. Quizás estos principios de práctica han ayudado a sus equipos a ganar dos Super Bowls con sus pateadas en el último segundo.

Cuando ayudes a tu hijo a prepararse para un examen, haz que tome una prueba «de práctica». Muchos libros de texto tienen exámenes de práctica al final de los capítulos. Pídele a tu hijo que complete ese examen, pero lleva el tiempo tal como si fuera el examen real. Si tu hijo va a tener cuarenta y cinco minutos para completar el examen en clase, asegúrate de que tenga ese mismo tiempo para el examen de práctica. Más aún, si tu hijo no saca cierta cantidad de preguntas correctas, lleguen a un acuerdo en el que él o ella tienen que estudiar el doble de tiempo la siguiente noche. ¡Estas sí son consecuencias!

➲ Vacúnate contra el ahogamiento

Phil Mickelson, el gran golfista, tiene un ejercicio de *putting* en el que coloca una serie de bolas de golf a aproximadamente un metro del hueco. Tiene que acertar 100 tiros en sucesión. Si falla uno, comienza otra vez desde el principio. Cuando llega a noventa, puedes estar seguro que Phil está sintiendo la presión. Pero más importante todavía, está aprendiendo cómo reaccionar bajo presión en la comodidad de una sesión de práctica.

Conduce un ejercicio similar con tu hijo. Si practica el baloncesto, pídele que haga cierta cantidad de tiros desde la línea del tiro libre (algo así como diez corridos), y si falla alguno, el conteo tiene que comenzar desde el principio. Cuando llegue el tiro libre ocho y nueve, es muy probable que esté sintiendo la presión de un juego real.

➲ Haz de tus prácticas una obra maestra

Michael Jordan hacía de sus prácticas una obra maestra. Según Ed Nealy, ex compañero de Michael, Jordan llevó las prácticas a un nuevo nivel. Ed dice: «Debieron haber cobrado las entradas para las prácticas de los Bulls porque habrías visto más de Michael allí que en los juegos. No importaba que hubiera jugado cinco partidos en ocho días. MJ practicaba como si fuera su último día en aquel uniforme».

Michael sabía que mientras más duro jugara en las prácticas, más fácil sería para él sentirse «cómodo en lo incómodo». Respetaba las prácticas porque sabía que estas sesiones podrían llevarle al siguiente nivel, si las tomaba en serio. Mientras más presión ponía sobre él en las prácticas, más fácil era responder efectivamente bajo el cañón de un partido real.

Anima a tus hijos a que respeten las sesiones de práctica con la seriedad que merecen. Enséñales a que traten las prácticas con respeto, tal como hicieron Michael y Phil, y será mucho más probable de que sus oponentes les respeten por esto, antes, durante y después de la competencia.

32

PATEA EL HÁBITO DE LA ANSIEDAD

Sara está frustrada y muy molesta. El pasado semestre reprobó el curso de geometría, pero este año tiene una nueva maestra. A Sara realmente le gusta mucho su nueva maestra y cree que ella hace que el material sea fácil de entender. Sin embargo, durante el último examen Sara se bloqueó por completo, prácticamente olvidó todo lo que había estudiado, y de verdad había estudiado mucho.

Al igual que millones de estudiantes, Sara sufre de ansiedad debido a un examen y en su caso, es bastante severa. Cuando los estudiantes sufren de este tipo de ansiedad, sus cerebros secretan unas hormonas que pueden bloquear su habilidad para recordar, y por lo tanto, los estudiantes se quedan «en blanco» durante los exámenes.

Uno de los mayores problemas con la ansiedad debido a un examen es que nosotros podemos condicionar nuestros cerebros a padecerla. Sin importar si Sara confía en sí misma, o si ha estudiado mucho o le guste su maestra, todavía puede sufrir de ansiedad cuando toma una prueba de geometría.

Este principio de condicionamiento también puede ocurrirles a atletas sobresalientes. Pueden condicionarse a sí mismos para ponerse nerviosos antes de un encuentro, sin importar lo confiados o competentes que sean en su deporte. Le ocurrió a Bill Russell.

A Bill Russell, miembro del Salón de la Fama por los Celtics de Boston, se le conoce como el mejor jugador de equipo en el básquetbol. Ganó más campeonatos que ningún otro jugador. En su autobiografía, *Russell Rules*, Bill dice que siempre creyó en sus habilidades y le fascinaba jugar baloncesto. Sin embargo, antes de la mayoría de los partidos, Russell vomitaba. Este acto se convirtió en un hábito. Bill había condicionado su cuerpo a estar extremadamente nervioso antes de cada juego, independientemente de su disfrute del juego o su nivel de confianza.

Un análisis de los principios de condicionamiento clásico puede ayudarnos a entender cómo Sara y Bill entrenaron sus cuerpos para tener ansiedad de desempeño. El condicionamiento clásico fue descubierto hace casi cien años atrás por el científico ruso Iván Pavlov. En su famoso experimento con perros, Pavlov pareó una campana sonando con la presentación de comida. Luego de cierta cantidad de veces pareando ambos elementos, Pavlov descubrió que si removía la comida, sólo el sonido de la campana produciría saliva en la boca de los perros.

Igual que los perros en el experimento de Pavlov, nos condicionamos cuando pareamos nuestros cuerpos con ciertas respuestas. En el año anterior, Sara pareó continuamente el tomar una prueba de geometría con la sensación de nerviosismo. En este nuevo año, sufre de ansiedad con cada examen de geometría sin importar lo mucho que estudie. Cuando Bill Russell era joven, se sentía nervioso antes de un juego de baloncesto. Entrenó su cuerpo para sentirse nervioso. Según pasaron los años, aquellos sentimientos de nerviosismo no se apaciguaron.

La buena noticia es que podemos desaprender esas respuestas condicionadas. Con las técnicas apropiadas, los padres pueden ayudar a sus hijos a reducir la ansiedad causada por un examen, así como la ansiedad provocada por el desempeño en los deportes y otras disciplinas. Los ejercicios que siguen a continuación deben ayudar a tus hijos a reacondicionar su nerviosismo en respuestas más efectivas.

⊃ Recondiciona tu cuerpo

Uno de los mejores métodos para ayudar a tu hijo a reacondicionar su cuerpo es la técnica educativa llamada desensibilización sistemática (SD, por sus siglas en inglés). Este es un nombre elegante para una técnica sencilla en la cual visualizas imágenes que te provocan ansiedad mientras estás relajado. El principio subyacente es que la respuesta de relajamiento es más fuerte que la respuesta de ansiedad. Cuando pareas esas dos respuestas, la respuesta de relajamiento gana y la ansiedad disminuye.

Esta técnica (SD) puede funcionar para reducir la ansiedad provocada por los exámenes en tres simples pasos. Primero, pídele a tu hijo que haga una lista de acciones en secuencia que ocurren antes de un examen. La lista debe ir desde las imágenes que producen muy poca ansiedad hasta las que producen la mayor ansiedad. El momento de estar tomando el examen debe ser la imagen más estresante. He aquí un ejemplo de una lista en secuencia que pudieras usar para tu hijo:

1. Llegas a la escuela.
2. Caminas hacia el salón donde va a tomar el examen.
3. Entras al salón.
4. Te sientas en tu escritorio.
5. Ves a la maestra repartiendo el examen.
6. Recibes el examen.
7. Comienzas a dar el examen.

En el segundo paso, tu hijo debe relajarse. Usa el procedimiento descrito en el ejercicio «Encuentra un lugar tranquilo» en la página 40.

Una vez tu hijo ha alcanzado un estado de relajamiento, el último paso es hacer que visualice cada acción en orden, comenzando por el momento en que llega a la escuela y terminando cuando toma el examen.

Esta técnica funciona para mucho más que sólo tomar exámenes. Sugiérele a tu hijo que aplique el SD a cualquiera y todas las situaciones que le causan ansiedad, desde hablar frente a un público hasta un recital de música.

PARTE 5

Impulso emocional: ¡ponte en marcha!

Para convertirte en un campeón en cualquier disciplina, el conocimiento no es suficiente. La intención no basta. Para obtener resultados, la acción es esencial. Pero la acción requiere motivación y altos niveles de energía.

Los ganadores tienen impulso emocional. Se ponen en marcha, independientemente de la situación o las repercusiones. Personas como Arnold Schwarzenegger, Bill Bradley y Angelina Jolie están comprometidas con sus causas. Saben lo que hace falta para cumplir a cabalidad con su destino y alcanzar la excelencia, y están dispuestos a invertir la energía necesaria para lograrlo.

¿Está tu hijo(a) comprometido(a) con la excelencia? ¿Pone tu hijo el empeño y esfuerzo necesarios para ser un ganador y alcanzar su potencial?

Esta sección se enfoca en la creación de una energía ilimitada y un compromiso con la causa de la excelencia. Descubrirás cómo tu hijo(a) puede desarrollar ese impulso y seguir un plan de acción, ambas cosas son esenciales para convertirse en un ganador en la vida.

33

TRABAJA ARDUO POR LA EXCELENCIA

En una linda tarde, mientras caminaba por una calle en París, un admirador se acercó a Pablo Picasso. Luego de presentarse y admirar el trabajo de este, le preguntó si consideraría pintar un retrato de ella. Ofreció pagarle y él aceptó. Sacó su cuaderno de dibujo, un lápiz y comenzó a dibujar, justo allí a orillas de la calle. Terminó su dibujo en unos pocos minutos y se lo entregó a la mujer. Le dijo entonces que el costo era cinco mil francos, un precio considerable en aquellos días. Sorprendida por el precio, la mujer se quejó diciendo que le había tomado apenas unos minutos completar el retrato.

Picasso sonrió y le contestó: «No, mi querida dama, está equivocada; me tomó toda una vida».

La mayoría de nosotros no ve el trabajo arduo que requiere dominar con maestría un deporte, una disciplina artística o un instrumento musical. Nunca vemos la jornada. Sólo vemos el punto final de todo el arduo trabajo. El famoso músico Vladimir Horowitz dijo en una ocasión: «Si no practico por un día, yo lo noto. Si no practico por dos días, mi esposa lo sabe. Si no practico por tres días, el mundo se da cuenta». Toda gran historia de éxito tiene un ingrediente en común: trabajo arduo.

Una de las mejores historias de éxito de nuestra generación, y quizá de todos los tiempos, es la de Arnold Schwarzenegger. Él llegó a este país desde Austria y comenzó a trabajar como albañil. En ese tiempo, también estaba trabajando en su fabuloso físico. Eventualmente llegó a dominar el fisiculturismo con siete títulos de Mr. Olimpia, que es el más importante galardón en este deporte. Estos honores ayudaron a catapultarlo a la industria de la pantalla grande, donde tuvo que batallar con el idioma inglés. Sin embargo, perseveró y se convirtió en una estrella del cine. Pero su éxito no terminó allí. Como sabemos, se convirtió en gobernador del estado de California. ¡Y quién sabe qué tan lejos llegue en el campo de la política!

Arnold dice que siempre siguió tres pautas principales para alcanzar sus grandes éxitos: sentirse seguro de uno mismo, tener una perspectiva positiva y trabajar tan duro como puedas. Arnold añade aún más diciendo que la mayoría de la gente cree que trabaja duro, pero, realmente, no se empeñan lo suficiente para alcanzar el éxito. Para él, el camino al éxito está pavimentado con trabajo arduo.

Tom Hanks, otro actor famoso, pronunció una línea muy conmovedora en la película *A League of Their Own*, en la que interpretó el papel de un manager de un equipo profesional de béisbol femenino. En un estimulante discurso a su equipo, luego de varias derrotas, el personaje de Tom sintetiza la importancia del trabajo arduo cuando dice: «Lo arduo es lo que lo hace grandioso».

Puede ser bastante retador convencer a los niños de que deben trabajar extremadamente duro si quieren alcanzar el éxito. Convencerlos de que «lo arduo es lo que lo hace grandioso» puede parecer imposible. Pero lograr que tu hijo trabaje duro en la vida es extremadamente importante, por no decir esencial. Nada se recibe gratuitamente en este mundo. A continuación algunas sugerencias a los padres sobre cómo ilustrar a los hijos que el trabajo arduo es esencial.

⟳ Crea un estribillo

Jim Courier, ganador de veintitrés títulos en sencillos y antiguo tenista número uno en el mundo, tenía un estribillo para cuando descuidaba su ética de trabajo. De hecho, su papá creó el estribillo. Cuando Jim no estaba dando su esfuerzo absoluto, fuera en lo académico o en el deporte, su papá le decía: «Hay mucha gente talentosa en la fila de desempleo». Esto siempre le recordó a Jim que el talento le llevaría sólo hasta un punto. Si quería ser exitoso, era mejor que comenzara a trabajar más duro.

Crea un estribillo como Jim. He aquí algunos ejemplos:

- El camino al éxito está pavimentado con trabajo arduo.
- Los ingredientes para el éxito son talento y trabajo arduo.
- Nunca nadie ha nacido con un gran *forehand* (*swing* de golf, tiro libre, etc.)

Asegúrate de que esta frase le recuerde a tu hijo que el talento no es suficiente. El trabajo arduo es esencial.

⟳ Invierte en tu ética de trabajo

Si a tu hijo le gustan las matemáticas, contar o hacer dinero, entonces la siguiente analogía sobre el trabajo arduo será muy valiosa.

El trabajo es una inversión. Igual que depositar dinero, pones trabajo en el «banco de trabajo». Tienes que dejar que se acumule por algún tiempo. Luego después de un tiempo determinado, verás tu inversión brillar. Pero tienes que ser paciente con tu inversión.

Esta filosofía de hacer depósitos en el banco de trabajo ayudó a Bjorn Borg a alcanzar la grandeza en la cancha de tenis. Bjorn recuerda cuando tomaba el tren todos los días después de la escuela para jugar tenis, a la larga llegaba a su casa tarde, hacía tareas, se levantaba temprano, iba a la escuela al día siguiente, y luego tomaba el tren otra vez para volver a la cancha. Esta rutina continuó por muchos años. Requirió mucho esfuerzo, pero la inversión rindió frutos al final porque le dio al tenis su mejor oportunidad.

Ayuda a tu hijo a que invierta en lo mejor de sí y los dividendos le sorprenderán.

⟳ Ten suerte trabajando arduamente

La mayoría de la gente cree que la suerte contribuye al éxito. Los niños también pueden creer que la suerte tiene un papel importante en su éxito, sea en el campo de juego o en el salón de clases. Sin embargo, tal como dice el antiguo proverbio, la suerte ocurre cuando la oportunidad se encuentra con la preparación. Mientras más duro trabaje tu hijo, más preparado estará. Siempre habrá oportunidades que se presenten para tus hijos. Si ellos quieren provocar su propia suerte, entonces tienen que estar bien preparados cuando se presente cualquier posibilidad.

➡ Trabaja más arduo que la siguiente persona

Con toda probabilidad, en algún momento en la vida de tu hijo(a), habrá alguien que tendrá en la mirilla el trabajo o posición de él o ella. Sea que hablemos de jugar en el equipo de apertura en el campo de fútbol o de ser la primera violinista en la orquesta, siempre tiene que recordar que alguien está en fila esperando por su posición.

¿Cómo puede conservar su posición?

Trabaja más arduamente que la siguiente persona. Esa fue siempre la filosofía de vida del gran Bill Bradley, ex estrella del baloncesto profesional, así como senador de Estados Unidos. Bradley comenta que aprendió esta lección de vida de uno de sus entrenadores favoritos, que una vez le dijo: «Cuando tú no estás practicando, hay alguien que lo está haciendo, y si ambos tienen la misma habilidad, cuando se encuentren, él ganará».

A Bill no le gustaba perder, así que se esforzaba al máximo. Desde junio hasta septiembre, cuatro días a la semana, tres horas al día, corría por las calles. Para mejorar su salto vertical, llevaba pesas en sus zapatos, y brincaba hasta tocar el aro... ochenta veces al día. Para practicar el manejo del balón, usaba espejuelos plásticos que prevenían que mirara el balón hacia abajo, lo cual le obligaba a mantener sus ojos en la cancha.

La ética de trabajo de Bill se transfirió a muchas otras áreas de su vida, desde los estudios (recibió la beca Rhodes para estudiar en la Universidad de Oxford en Inglaterra) hasta su carrera en la política. Bill todavía cree que nadie puede trabajar más duro que él.

Alienta a tu hijo a seguir esta filosofía. Si tu hijo todavía no tiene una posición regular en el equipo o un lugar en la orquesta, sugiérele que trabaje más duro que la siguiente persona. Si ya tiene una posición en el equipo o en la orquesta, sugiérele que trabaje más duro que la siguiente persona. En cualquiera de las dos situaciones, tu hijo debe seguir la filosofía de una parábola africana que dice:

Cada mañana en África, la gacela se levanta y sabe que tiene que correr más rápido que el más rápido de los leones.

Cada mañana, el león se levanta y sabe que tiene que correr más rápido que la más lenta de las gacelas o morirá de hambre.

No importa si eres una gacela o un león,
Cuando el sol salga, mejor es que comiences a correr.

➪ La excelencia tiene un precio

Hace más de dos mil años, el filósofo griego Epicteto señaló: «Aquellos que ganan en algo no tienen ninguna ventaja real sobre ti porque ellos tienen que pagar el precio por la recompensa». Los tiempos no han cambiado: para ser exitoso, no sólo se necesita el trabajo arduo sino también gran sacrificio.

Asegúrate de que tu hijo sepa que la excelencia exige tiempo y trabajo arduo. Típicamente sólo vemos el punto final de la jornada a la excelencia, no sus pruebas y tribulaciones. Rara vez vemos el esfuerzo interno en el proceso de tener dominio sobre una tarea; cómo las largas horas de entrenamiento roban tiempo de los amigos y la diversión. Ayuda a que tus hijos logren apreciar que lograr una ejecución magistral en cualquier campo no llega sin pagar un alto precio.

34

DISFRUTA CADA INTERACCIÓN

Cuando ascendía como una joven estrella en China, Ming Lee viajó de una sala de concierto a otra por todo su país, impresionando a la audiencia dondequiera que tocaba. Aunque tenía apenas catorce años, ya podía interpretar a grandes compositores como Chopin y Tchaikovsky. Una noche durante su gira en el Chin Concert Hall en la provincia de Yandang Shan, la música de Ming se sentía reprimida y con falta de pasión.

Al final del concierto, su madre, quien es su profesora y ex pianista de conciertos, le preguntó a su hija que le había ocurrido aquella noche en el escenario. Ming le contestó ásperamente: «Esta sala es vieja y la música no resuena. Como tiene tantos recovecos, el sonido sencillamente rebota por todo el escenario». Aunque su mamá sabía que la sala carecía del refinamiento acústico de otras salas más modernas, le respondió: «No te gusta esta sala, así que tú no le gustas a ella tampoco. Deléitate en su singularidad y tu música cantará».

Podemos sugestionarnos a tener un buen desempeño tan fácilmente como podemos hacerlo para tener un desempeño pobre. Si estamos convencidos de que esta sala de conciertos en particular tiene una acústica fantástica, entonces será mucho más probable que toquemos maravillosamente. Pero si detestamos el lugar, nuestra ejecución se afectará. Para Ming, cuando aprenda a querer a Chin Hall, entonces su música comenzará a quererla a ella.

Brad Gilbert ejemplifica este mismo principio en el deporte del tenis. Brad conocía la importancia de amar cada cancha de tenis. Brad, autor del libro *Winning Ugly* [Victoria fea] ciertamente se veía feo en la cancha. Gilbert no jugaba con la gracia y majestuosidad de los otros tenistas que ocupaban los primeros lugares en el deporte. No era agradable ver su *forehand,* por no decir mucho más. Pero Brad tenía un talento natural para derrotar a los mejores profesionales en el juego, aun cuando parecía que ellos tenían el mejor juego. De hecho, a Gilbert se le conocía como el asesino de gigantes en sus días de jugador por haber derrotado a todos los profesionales de mejor calificación. Brad había logrado dominar con maestría su habilidad de sugestionarse para ganar los partidos de tenis. Simplemente sabía como lograr una «fea victoria».

Un perfecto ejemplo de una «fea victoria» ocurrió entre Brad Gilbert y Boris Becker en el torneo U.S. Open de 1987. Cualquier experto te habría dicho que Boris, con todo su talento, derrotaría a Brad. Boris era una estrella de todos los tiempos, con tres títulos de Wimbledon a su haber. Pero este era el U.S. Open en Flushing Meadows en septiembre, con muchas distracciones para desordenar un partido. El clima estaba húmedo y caluroso, muchos aviones volaban constantemente sobre la cancha y el público era bastante alborotoso.

Becker ganó los primeros dos sets (6-2, 7-6) y estaba dominando 3-0 en el tercero. Entonces comenzó a llover y el *momentum* cambió. Luego de un retraso por lluvia, Brad regresó a la cancha y descifró el saque de Becker. Los espectadores de otros partidos que habían concluido, comenzaron a llenar las estradas. El público apoyaba a Brad y comenzó a gritar: «U.S.A.» Boris perdió el tercer set en un *tiebreaker* y luego perdió los siguientes dos sets, y finalmente el partido.

Más tarde aquella noche, luego del juego, Brad y Boris se encontraron por casualidad en un restaurante local. Boris comenzó a quejarse ante Brad de todas las distracciones en el U.S. Open. Boris mencionó que el clima era muy caluroso y que el público se había mostrado hostil hacia él. Brad, por su parte, respondió diciendo que a él le encantaban todas esas distracciones. Le dijo que a él le fascinaba el U.S. Open porque era un «circo de acción» y un torneo muy excitante. De hecho, Boris se había sugestionado para no ganar mientras que Brad ganó porque le encantaba el caos en el U.S. Open.

Es realmente así de sencillo. Los niños pueden convencerse a sí mismos de que pueden realmente disfrutar cada campo de golf, campo de fútbol o sala de conciertos, y las probabilidades son que van a desempeñarse a un nivel más alto. Pero este principio de desempeño va más allá que sólo instalaciones deportivas. Los niños deben también disfrutar cada interacción que tengan, desde la competencia con ciertos oponentes hasta sus interacciones con maestros y amistades. Cuando hacen que cada interacción sea su favorita, los niños tendrán éxito en el mundo. Los siguientes ejercicios pueden ayudar a los padres a guiar a sus hijos a creer que cada interacción es su favorita.

Haz que cada maestra sea tu preferida

No todas las maestras van a ser competentes, ni la preferida de tu hija. Esto es un hecho. Cuando a tu hija no le gusta una maestra, cualquiera sea la razón, sus calificaciones pueden afectarse como resultado. Tal vez deje de prestar atención o sencillamente no se esfuerce tanto debido a que no le gusta la maestra.

Para resolver esta dificultad, averigua cuáles son las maestras que le gustan a tu hija y cuáles no. Pídele que te diga algunas de las diferencias entre sus maestras preferidas y las que no le gustan. Esta conversación te ayudará a entender los factores que provocan que no le gusten algunas de sus maestras.

Para las maestras que le desagradan, discutan cómo puede ella enfocarse en algunas cualidades que pueden tener aspectos positivos.

Tal vez la maestra que no le gusta es muy exigente. Si es así, conversa con tu hija sobre cómo las exigencias de la maestra pueden ayudarla a ser una mejor estudiante, así como una persona más perspicaz.

Quizás la maestra se desvía del tema cuando habla sobre algo en particular. Discute con tu hija cómo puede aprender a disfrutar esas historias entretenidas e interesantes sobre la vida.

Haz que cada tópico sea tu preferido

Habrá algunos tópicos en la escuela que a tu hija le gustarán de inmediato y otros que preferiría no estudiar. Este desinterés puede llevarle a obtener pobres calificaciones. Lo más probable es que mientras más le guste el tema de estudio, mejores serán sus calificaciones.

Usualmente, hay algunas partes de un tópico que tienen cierta atracción. Por ejemplo, digamos que a tu hija no le gustan las matemáticas. Pero tal vez le guste crear y dibujar. Explícale cómo ciertos aspectos de la matemática; por ejemplo, la geometría, pueden relacionarse con su creatividad. Una vez abras la puerta con un aspecto de la matemática, trata otro, y luego otro.

◑ Haz que cada oponente sea tu preferido

Algunos oponentes no son compatibles con tu hijo o su equipo. Por ejemplo, si es tenista, puede que los jugadores agresivos no sean buenos contrincantes para su estilo ofensivo. Lo más probable, esos son los oponentes con los que a tu hijo no le gusta jugar. Por otro lado, a tu hijo le encanta jugar contra jugadores con un estilo defensivo y usualmente puede ganarles sin problema. Convéncelo de que habrá algunos aspectos del juego de su oponente (o equipo) que serán compatibles con su juego. Anímalo a enfocarse en esas características clave. Cuando comience a ganar, comenzarán a gustarle mucho más esos oponentes.

◑ Haz que cada campo de juego sea tu amigo

A Jack Nicklaus le gusta mucho el Augusta National, el campo de golf donde se juega el torneo Masters de este deporte. Él dice que todavía se le pone la piel de gallina cuando va por Magnolia Lane, la entrada del Augusta National.

Lee Trevino, otro jugador famoso, ha dicho que a él no le gusta Augusta National. Ha comentado que no es el mejor campo de golf y que no se ajusta a su juego. Jack ha ganado el Masters en seis ocasiones; Lee nunca a ganado un Masters, a pesar de que sí ha ganado los demás torneos importantes. Tal vez si Lee sintiera el cariño que siente Jack por el Augusta National, Lee habría ganado allí.

Hay muchas razones por las que ciertos jugadores tienen mejor desempeño en ciertos campos de golf. Un factor es que el campo se ajusta bien al ojo del jugador. Los hoyos simplemente parecen alinearse bien para un jugador particular. Como resultado de su percepción, los tiros se desplazan bien por todo el terreno. De igual manera, un campo puede tener un estilo predominantemente del tipo izquierda-a-derecha, y ciertos jugadores favorecen ese patrón de tiro.

Lo más probable, sin embargo, es sencillamente esta razón: a los jugadores sencillamente les gustan unos campos de juego más que otros, y se sugestionan a jugar mejor en sus campos favoritos.

Alienta a tu hijo a que le guste cualquier instalación deportiva en la que juegue, ya sea que el lugar se «ajuste» o no a su ojo. En realidad, todas las instalaciones van a ajustarse a su ojo si así lo cree.

Además, si tu hijo juega fútbol, trata de que se haga «amigo» de todos los campos de juego. Ayúdale a que encuentre aspectos positivos sobre cada campo que se ajusten a su estilo de juego. Lo mismo aplica al béisbol, el fútbol americano, o cualquier deporte. Mientras más le guste el lugar donde juega, más él le gustará al lugar donde está jugando. Es así de sencillo.

35

COMPARTE TU PROPÓSITO

Angelina Jolie fue una niña difícil. Creció en Hollywood, tenía una conducta escandalosa y se involucró en muchos comportamientos autodestructivos. Jolie creía que moriría joven.

Según fue creciendo, siguió los pasos de su padre, haciendo películas, pero aún así su éxito no cambió su actitud hacia la vida. Mientras alcanzaba éxito económico y hasta amor, todavía creía que tenía un gran vacío interior.

La lectura del libreto para *Beyond Borders* [Más allá de las fronteras] transformó a Angelina en una persona con propósito. Esta es la historia de una mujer que descubre huérfanos alrededor del mundo. Desde ese momento, Jolie entendió cuál era el propósito de su vida. Hoy día, Angelina ha dado de su tiempo y dinero para ayudar a muchos huérfanos alrededor del mundo. Lo mantiene todo en perspectiva y dice que filmar películas y recibir premios no se compara en significado a construir escuelas para niños necesitados.

Angelina cambió porque ahora siente que ella es parte del mundo. En lugar de recibir, está dando, creando así una marcada diferencia en la vida de otros.

Encontrar un significado o propósito guía tu vida como un faro dirige a un barco extraviado a través de la niebla. Para Angelina, su propósito creó una luz guía hacia un sendero incuestionable. Esto le otorgó un intenso placer, así como la motivación para hacer una diferencia. Su vida cambió para mejorar. Como dijo John Gardner hace mucho tiempo: «Asombrosas fuentes de energía parecen disponibles para aquellos que encuentran significado en aquello que están haciendo».

Además de llenarte de energía inagotable, encontrar ese propósito puede alejar la presión. El fallecido padre de Tiger Woods, Earl Woods, decía que Tiger tiene un chaleco a prueba de balas contra la presión debido al propósito en su vida. Al comienzo de su carrera profesional,

Tiger comenzó su fundación para ayudar a niños poco privilegiados alrededor de todo el país. En el 2005, el primer centro Tiger Woods abrió sus puertas en Los Ángeles, donde los niños pueden aprender sobre las artes, física, matemáticas, y claro, también algo de golf.

Earl Woods escribió en *Playing Through* [Jugar sin parar], que Tiger jugó por mucho más que sólo trofeos y títulos. Él está jugando por los niños así como por su fundación, lo que le ayuda a aliviar la presión que puede sentir durante un torneo.

Todos los padres queremos que las vidas de nuestros hijos tengan propósito. Ayudar a los hijos a descubrir ese propósito, sin embargo, es una de las tareas más difíciles que un padre puede asumir. El siguiente ejercicio puede ayudar a los niños a encontrar el propósito en sus vidas.

➡ Descubre el propósito

Para ayudar a tu hijo a encontrar significado en su vida, pídele que escriba cinco aspectos significativos por cada actividad en la cual participe. Por ejemplo, si toca el violín, entonces discutan el significado y propósito de esta actividad. He aquí algunos ejemplos:

1. Disfruto cuando toco música y me gusta escuchar las melodías de la canción.
2. La audiencia disfruta lo que hago.
3. Mis padres disfrutan lo que hago.
4. Mi ejecución ayuda a la orquesta.
5. Puedo ofrecer en el futuro concierto de beneficencia.

Para un deporte como el fútbol, la lista puede incluir estos ejemplos:

1. Disfruto del puro placer de hacer la patada necesaria en el momento justo.
2. Contribuyo a la felicidad del entrenador cuando juego dando lo mejor de mí.
3. Ayudo a mis compañeros de equipo.

4. Practicar el fútbol puede ayudarme a conseguir una beca de estudios.

5. Soy un buen ejemplo para mis hermanos(as) menores.

Pídele a tu hijo que coloque esta lista en su puerta o en su computadora. Sugiérele que revise esta lista antes de una competencia, cuando esté muy nervioso o cuando necesite una buena dosis de energía. En cualquiera de los casos, su desempeño se va a beneficiar.

36

Busca un mentor

George Gershwin, el famoso compositor a principios del siglo veinte, era un gran admirador de Ravel, otro compositor que vivía en París. Gershwin le escribió a Ravel para indagar sobre la posibilidad de estudiar con él. Ravel no contestó su carta. Gershwin le escribió otra vez y otra vez. Aún así Ravel no contestaba su carta. Como sentía gran pasión por su petición, le escribió por cuarta vez.

Finalmente, Ravel le contestó preguntándole cómo podría permitirse una visita de seis meses a París para estudiar sin tener un empleo. George le contestó que él era un compositor muy exitoso en Nueva York que ganaba casi 100.000 en un año, lo que era muchísimo dinero en ese tiempo. Le explicó que realmente podía darse el lujo de tomarse seis meses libres para estudiar con él.

Ravel le respondió diciendo: «Quédate allá; voy yo a Nueva York».

Dejando la broma a un lado, todos necesitamos alguien que sea nuestro mentor. Aun las personas más famosas han tenido mentores. Por ejemplo, Sir Isaac Newton.

Newton dijo una vez que podría ver mucho más lejos si se paraba sobre los hombros de gigantes. Un par de esos hombros pertenecía a Edmond Halley. La mayoría de las personas relaciona a Halley con el cometa homónimo que descubrió. Muy pocos saben que fue mentor de Isaac Newton, ayudándole a convertirse en uno de los científicos más importantes de todos los tiempos. Halley retó a Newton a analizar detenidamente sus nociones originales y a usar las matemáticas y las figuras geométricas para clarificar sus ideas. Más aún, alentó a Newton a escribir su magnífica obra *Mathematical Principles of Natural Philosophy* [Principios matemáticos de filosofía natural], el cual Newton había estado dudando escribir. Halley también editó la obra y supervisó su publicación. Sin Halley como mentor, Newton tal vez habría pasado desapercibido en tiempo y espacio.

Hoy día, ser mentor nos llega en la forma de un entrenador o un maestro. Tener el entrenador correcto puede pagar dividendos cuando se está desarrollando un talento. El mismo adulto exitoso usualmente tuvo el entrenamiento apropiado en el momento apropiado.

En su libro *Discovering Talent* [Descubriendo talento], Gordon Bloom investigó el talento joven de todas las condiciones sociales, incluyendo las artes, el deporte y la educación. Interesantemente, Bloom descubrió un factor común importante que contribuyó a la grandeza de estos. Estos jóvenes talentosos tenían mentores o entrenadores que seguían un patrón. Primero, tuvieron un mentor o entrenador local que les dio primero la base de conocimiento y les enseñó destrezas básicas. Luego, tuvieron mentores que eran entrenadores «regionalmente reconocidos». Este mentor afinó sus destrezas. Finalmente, pasaron a un entrenador mundialmente reconocido que los llevó al siguiente nivel.

Tim Daggert, gimnasta ganador de la medalla de oro en 1984, siguió exactamente este patrón de tutoría. El primer mentor de Tim fue su entrenador de escuela superior, quien le enseñó los fundamentos de este deporte. Su entrenador también le explicó la importancia de entrenar fuera de temporada. Luego, Tim fue a UCLA y conoció a un hombre llamado Makoto Sakamoto, quien se convirtió en su segundo mentor. Él le enseñó a Tim los fundamentos de entrenamiento, tales como el valor del trabajo arduo y la necesidad de establecer metas. Su tercer mentor fue Yefim Furman, un ex gimnasta soviético. Furman le ofreció la pericia técnica que necesitaba para llegar a la cima de su deporte.

Sea Tim o tu hijo, encontrar al mentor correcto es esencial para desarrollar talento. He aquí algunas sugerencias para seleccionar el mejor mentor para tu hijo(a).

➩ No apresures el proceso

Cada mentor debe ser el correcto para el desarrollo emocional y físico del estudiante. También es importante tener una relación de confianza con alguien que se ajuste a ese momento en particular en términos de desarrollo para tu hijo.

En los comienzos de una relación de mentor, los padres deben darle al entrenador local el tiempo suficiente para desarrollar el talento del niño.

No te apresures a cambiar de entrenador antes de que tu hijo este preparado para ascender en la escalera de entrenadores.

Lamentablemente, algunos padres apresuran este proceso y envían a su hijo a un entrenador de renombre mundial cuando no es necesario. No sólo esto puede ser un malgasto de dinero, sino que también puede ser una asociación inapropiada para tu hijo. El entrenador famoso puede que sea «todo trabajo» y este tipo de seriedad quizá no sea la apropiada para tu hijo. En las etapas tempranas de la «carrera» de tu hijo, la diversión puede ser la fuerza motora detrás del juego, no la competencia.

⬥ Conoce de qué está hecho un buen mentor

No todos los mentores o entrenadores han sido jugadores famosos o extremadamente exitosos en sus respectivas disciplinas. Pero un mentor competente será alguien que ha ganado una cierta cantidad de pericia en su campo. Si el mentor es un maestro de música, esta persona debe haber tocado en la orquesta local o haber tenido un nivel de experiencia similar. Si el mentor es un entrenador de béisbol, esta persona debe haber jugado béisbol universitario o por lo menos en la escuela secundaria. Los niveles profesionales no son necesarios.

Y sólo porque alguien haya llegado a un nivel profesional no significa necesariamente que va a ser un gran mentor. De hecho, un nivel tan alto de pericia puede ser perjudicial para ser entrenador. Las personas que llegan a los niveles profesionales tienen mucha habilidad innata y algunas veces no son afines con alguien que necesita practicar muchas horas para mejorar.

⬥ Benefíciate siendo un mentor

Muchos colegios tienen niños sin impedimentos y con impedimentos en el mismo salón de clases. Sin embargo, satisfacer todas las necesidades de los niños puede requerir mucho tiempo y energía. En muchas clases, las maestras les piden a los estudiantes sin impedimentos que sean mentores de los estudiantes con impedimentos. Esto se conoce como tutoría de pares.

La tutoría de pares beneficia a ambos estudiantes. El estudiante con impedimento puede interactuar con estudiantes que no tienen incapacidades, aprendiendo así diferencias tanto sociales como emocionales. Sin embargo, el mentor también se beneficia. Los investigadores han descubierto que ser un mentor mejora las calificaciones del mentor y también disminuye el ausentismo. A fin de cuentas, ser un mentor te hace un mejor estudiante.

Pregúntale a tu hijo si en su colegio hay alguna oportunidad de ser mentor de otros estudiantes. Es muy probable que sí la haya. Esto no sólo beneficiará a tu hijo en términos académicos, sino que también recibirá recompensas en maneras que van mucho más allá del salón de clases.

37

Define tus sueños

«Jaime, necesitas limpiar tu cuarto», dijo su madre. «Tus primos vienen este fin de semana y necesitan compartir tu cuarto». Pero Jaime estaba perplejo. Había tanto desorden, que no sabía por dónde empezar. Estaba consternado y simplemente se sentó en medio del cuarto.

Notando el problema y pensando muy aprisa, la mamá de Jaime le dijo: «Listo. Te voy a decir lo que vamos a hacer. Vamos a limpiar el clóset hoy. Mañana recogeremos el área de la computadora y el reguero del piso, y terminaremos el viernes limpiando el área de tu escritorio».

La mamá de Jaime sabía que limpiar todo el cuarto en un día era una tarea intimidante para su hijo. Tenía que dividir la limpieza en áreas razonables para que su hijo lo pudiera hacer.

Para alcanzar sus metas, muchos atletas usan el mismo principio de la mamá de Jaime: dividen sus metas en pasos más pequeños. Alcanzar una meta toma tiempo. Se necesita dar pasos pequeños... se necesita un tiro a la vez. O, en el caso de Robert Gentry, una vuelta a la vez.

Robert estaba compitiendo por el título de campeonato de la NCAA, Asociación Atlética Colegial Nacional por sus siglas en inglés, en la carrera de 10.000 metros. Sin embargo, Robert creía que para lograr esto, tendría que bajar dos minutos de su tiempo para la siguiente temporada. Bajar tanto su tiempo era una tarea intimidante. Sin embargo, para hacer que su meta fuera alcanzable, Robert desarrolló la estrategia de aumentar su esfuerzo en cada vuelta. Robert equiparó el esfuerzo que necesitaba con un chasquido de sus dedos. (Para Robert, un chasquido era equivalente a un por ciento de incremento en esfuerzo.) Gentry creía que si aumentaba su esfuerzo al equivalente a un chasquido en cada vuelta, podía bajar su tiempo por un minuto. Si aumentaba su esfuerzo al equivalente de dos chasquidos, podría reducir su tiempo por dos minutos en toda la carrera.

Robert hizo que su meta fuera alcanzable: cualquiera podía aumentar su esfuerzo por uno o dos chasquidos por vuelta, o por lo menos Robert creía que él podía hacerlo. Su estrategia funcionó. Bajó su tiempo y se convirtió en una estrella del atletismo colegial en los 10.000 metros.

Cuando hablamos de metas y sueños, podemos hacer una analogía con una escalera. Tu meta principal es llegar al tope de la escalera. La mayoría de nosotros podemos alcanzar nuestras metas si sabemos qué pasos dar y nos enfocamos en un paso a la vez, o en el caso de Robert, en un chasquido a la vez.

Tus hijos tendrán muchas metas que quieren alcanzar en sus vidas. La mayoría será alcanzable, particularmente si hay un proceso paso a paso para alcanzarlas. A continuación se ofrecen algunas guías para establecer con tus hijos un programa de metas efectivo.

➪ Sé específico

En lugar de que tu hijo tenga una meta general de mejorar sus destrezas de baloncesto o su habilidad de lectura, haz que su meta sea específica. Por ejemplo, una meta efectiva sería mejorar su porcentaje de tiro libre en un diez por ciento o aumentar su velocidad de lectura en diez palabras por minuto. Cuando las metas son específicas, entonces pueden ser medidas, lo que discutimos en el siguiente ejercicio.

➪ Establece metas medibles

Un programa de establecimiento de metas efectivo tiene metas mesurables. Todo puede ser medido. Aun las metas sicológicas, tal como la concentración, pueden medirse.

Para medir concentración, primero ayuda a tu hijo a crear una escala de categoría en incrementos de diez puntos, donde 100 es lo mejor y 0 lo peor. Permite que él ponga las etiquetas en la escala. Por ejemplo, 30 equivale a «un tanto distraído», mientras que 70 equivale a «un tanto enfocado». Una puntuación de 100 equivale a estar «totalmente enfocado».

Luego, pídele a tu hijo que clasifique su concentración en la clase o en el campo de juego. Toma por lo menos cinco evaluaciones diferentes y saca un promedio. Digamos que tu hijo descubrió que su concentración en una clase típica fue 50. Luego, juntos, podrías establecer como meta aumentar su concentración a 55 durante el siguiente mes. Establecer metas alcanzables es el siguiente paso en el proceso.

⟐ Establece metas alcanzables

Una vez has descubierto un punto de partida para una medida determinada, tu meta de mejoramiento debe ser aproximadamente de un diez por ciento cada mes. Por ejemplo, si la velocidad de lectura de tu hija es de 40 palabras por minuto, entonces la meta de este mes debe ser mejorar esa velocidad a 44 palabras por minuto.

⟐ Crea estrategias

Una vez has establecido esas metas alcanzables, el padre debe sentarse con su hijo y desarrollar estrategias para alcanzar esas metas. Por ejemplo, si la meta es mejorar en un quince por ciento el porcentaje de tiro libre en el básquetbol, entonces una estrategia podría ser hacer tiros libres por treinta minutos todos los días.

Si tu hija tiene como meta mejorar su velocidad de lectura por cuatro palabras por minuto, entonces una estrategia sería leer un libro cada semana. Si la meta es convertirse en primer violín en la sección de cuerdas de la orquesta, una estrategia podría ser tomar lecciones con un nuevo instructor.

⟐ Evalúa las metas

Una vez tienes metas y estrategias, la evaluación es lo siguiente. Evalúa el desempeño de tu hijo cada semana o, por lo menos, cada dos semanas. Si tu hijo no alcanzó la meta de 44 palabras por minuto en la velocidad de lectura para finales del primer mes, entonces tal vez es necesario cambiar la estrategia. En lugar de leer un libro por semana, tu hijo puede necesitar leer dos libros semanales. Conseguir un tutor es otra opción.

Una vez tienes establecido un plan efectivo para que tu hijo alcance sus metas, cualquier cosa es posible.

SUPERA TUS PERÍODOS DE ESTANCAMIENTO

A Jason se le conocía como el próximo Bobby Fischer, el afamado maestro del ajedrez. Comenzó a jugar ajedrez a los cuatro años y se convirtió en tema de conversación de su club de ajedrez. Empezó a vencer a jugadores adultos a los ocho años de edad, y obtuvo una clasificación de 1200 en esta disciplina a los diez años. (Cualquier clasificación por encima de 1000 es muy buena.) Lentamente Jason se estaba convirtiendo en un Gran Maestro. Entonces ocurrió. Jason dejó de progresar en su habilidad en el ajedrez. Los jugadores a quienes había derrotado previamente en torneos habían comenzado a jugar mejor que él. Su juego había llegado a un «punto muerto», mientras que sus pares continuaban progresando. Frustrado y deprimido con respecto a su juego, fue a varios entrenadores nuevos, pero nada parecía funcionar. Su juego había llegado a un interminable estancamiento. Tristemente, dejó de jugar antes de llegar a la adolescencia.

Una de las más grandes alegrías al aprender una nueva destreza es progresar en tu habilidad. El mejoramiento engendra interés y, a cambio, el interés promueve el mejoramiento.

Lamentablemente, los períodos de estancamiento son inevitables en el sendero del aprendizaje. Al principio verás un gran mejoramiento. Luego, con una gran probabilidad, vas a estancarte por un período de tiempo. Después, verás algo más de mejoramiento antes de estancarte otra vez. Algunas veces estos períodos duran semanas, meses y hasta años.

El ciclo puede ser frustrante para cualquier niño que esté aprendiendo una nueva destreza. Cuando un niño queda atollado en un período de estancamiento, puede perder el interés o abandonar la actividad. La diversión abandona el campo de juego cuando continúas jugando al mismo nivel sin ver ninguna mejoría.

Entender el porqué tenemos estos períodos de estancamiento en el ciclo de aprendizaje puede darnos una perspectiva de cómo podemos liberarnos de algunos de ellos. El ciclo de aprendizaje, con sus altas y bajas, tiene muchos paralelos a los principios del fortalecimiento de los músculos. En términos generales, el cuerpo humano es un mecanismo maravillosamente adaptable. Cuando levantamos pesas, forzamos nuestros músculos más allá de los niveles normales, o, en otras palabras, ponemos a nuestros músculos en estrés. (Este proceso se conoce como sobrecargar el músculo.) Como una respuesta adaptable para contrarrestar esta sobrecarga, los músculos producen más proteínas, estimulando así un incremento en las fibras musculares.

Nuestros músculos van a dejar de crecer a menos que continuamente los sobrecarguemos. Esto es, tendremos períodos de estancamiento en el crecimiento muscular si no cambia la fuerza aplicada a los músculos. Para experimentar crecimiento muscular, puedes añadir más pesas a tu rutina, añadir más repeticiones o cambiar tus ejercicios. Cuando cambias estas variables en tu rutina de ejercicios, tu cuerpo está diseñado para responder con un mayor crecimiento muscular.

De la misma manera que los músculos responden a una sobrecarga, tu hijo puede salir de un período de estancamiento si añade nuevas variables a la ecuación de aprendizaje. Una variable peculiar es el estrés.

Evitar el estrés no hará que tu hijo mejore en su desempeño, mas bien, puede realmente afectarlo. Sacarlo un poco de balance y llevarlo al extremo de sus límites hará que tu hijo crezca tanto mental como emocionalmente. Este buen estrés, llamado *eutress*, obliga a su cuerpo y a su mente a adaptarse, provocando que crezca mucho más allá de su actual nivel de desempeño. Las siguientes sugerencias ayudarán a tu hijo(a) a tener estrés por el éxito y a superar sus períodos de estancamiento.

◗ Busca situaciones estresantes

Los científicos de la NASA presentan rutinariamente a sus astronautas eventos nuevos y catastróficos en el simulador de vuelo. Este ejercicio no sólo los prepara para lo inesperado, sino que también desarrolla la habilidad de los astronautas para lidiar con situaciones difíciles. Gerry Griffin, miembro de la expedición *Apollo 13*, dijo que la angustia mental que encaró en el entrenamiento lo llevó a lidiar efectivamente con la pesadilla de aquel vuelo. Más importante aún, su entrenamiento le ayudó a salvar las vidas que estaban en riesgo en esa particular misión.

Para llevar a tu hija al siguiente nivel, aliéntala a que juegue contra competidores que son superiores a ella. Por ejemplo, si es una tenista que gana frecuentemente en el nivel de escuela secundaria, anímala a que participe en torneos abiertos para mujeres. Si tu hijo tiene un buen desempeño en el grupo de catorce años y menos en los torneos de golf, verifica si puede participar en algunos eventos en la categoría de dieciocho años y menos. Si tu hijo es un golfista competente, recomiéndale que trate de calificar para un evento profesional.

Trata este mismo principio con la música. Alienta a tu hija a tocar algunas piezas en su instrumento que ella crea le ayude a desarrollar su habilidad. Es muy probable que estas retadoras piezas musicales van a estar plagadas de muchos errores, muchos más de lo usual. Pero, a la larga, ese «empujón» debe convertirla en una mejor solista.

Este mismo principio de «empujón» puede aplicarse a nivel académico. Tal vez tu hija puede tomar algunos cursos universitarios mientras todavía está en secundaria. Esos cursos deben ser más difíciles que sus clases usuales, pero entonces estas clases regulares de escuela secundaria parecerán un «paseo».

Recuerda, está bien que tus hijos fallen o tengan un desempeño pobre en estos retos. El propósito de proceso no es tanto tener éxito sino añadir una sobrecarga de estrés en su actual nivel de desempeño, lo que a cambio debe ayudar a los jóvenes a alcanzar niveles más altos en el futuro.

➡ Cambia algo

Algunos sencillos actos de cambio pueden provocar estrés. Comenzar a estudiar en un nuevo colegio, mudarse a una nueva ciudad o hasta irse de vacaciones puede ser estresante.

Para un actor, tratar nuevos e innovadores papeles también causa estrés. Sir Laurence Oliver, considerado por muchos como uno de los mejores actores de todos los tiempos, comenzó su carrera en el escenario como un actor «Shakesperiano». Según Oliver, ejecutó una variedad de roles (desde Hamlet hasta un dentista loco) como un vehículo para continuar su crecimiento como actor. Él creía que se estancaría y paralizaría si no cambiaba sus papeles continuamente, así como su estilo de actuación.

Para añadir algo de *eustress* en la vida de tu hija, cambia algo que necesita ser cambiado. Tal vez necesita cambiar de instructor. Si ha estado viendo al mismo instructor y su juego está estancado, tal vez llegó el momento de un cambio. O tal vez haz un cambio de pertrechos o equipo que usa en su deporte. A veces sólo una nueva apariencia puede crear un nuevo sentido de satisfacción.

Asegúrate de que juegue en diferentes campos. Si siempre juega y practica en el mismo campo de golf, llévala a campos que sean más retadores para ella.

Si es tenista, es muy probable que practique siempre con los mismos jugadores. Trata de que cambie también de compañeros de práctica. Haz que practique y juegue contra algunos contrincantes distintos de vez en cuando.

➪ Desarrolla tu astucia

De la misma manera que los músculos crecen cuando los sobrecargamos, así también le ocurre a nuestro cerebro. Por lo tanto, si continuamos retando nuestras capacidades mentales, debemos volvernos más astutos.

Asegúrate de que tus hijos reten continuamente su cerebro. La escuela puede ser un reto, pero tal vez no sea suficiente. Tal vez puedan descifrar juntos un buen crucigrama o crear una historia. Estas actividades de ejercicio cerebral no sólo ayudan a la capacidad mental de tus hijos, sino que también pueden añadir algunos puntos a su cociente de inteligencia.

➪ Evita el exceso de estrés

Hace falta añadir algo más sobre el estrés. Nuestros músculos necesitan tiempo para recuperarse. Si levantamos pesas todos los días, no dejamos tiempo para que los músculos se reacondicionen y crezcan. El levantamiento de pesas sin el descanso necesario es contraproducente para nuestro crecimiento muscular.

Añadir demasiado estrés a tus hijos —sacarlos de balance por demasiado tiempo— puede causar que se «quemen». Para impulsar el continuo crecimiento mental y emocional, tiene que haber tiempo de descanso o período de recuperación. Asegúrate de que hay momentos en que simplemente están tomando las cosas «suave»; esto es, jugando contra un oponente fácil, jugando en un campo fácil, tocando una pieza fácil en el clarinete. Anima a tus hijos a alternar entre períodos de estrés y tiempo de recuperación para que veas las mayores ganancias en el aprendizaje.

39

COMPROMÉTETE CON LA EXCELENCIA

Hace 150 años atrás, un hombre comprometido pudo haber salvado nuestro país. Su nombre era Joshua Chamberlain. Originalmente un maestro, fue hecho coronel del Vigésimo Regimiento de Infantería Voluntaria de Maine cuando se enlistó en el ejército de la Unión.

Aunque la división de Chamberlain peleó muchas batallas, fue su compromiso de mantenerse firme en la Batalla de Gettysburg lo que pudo haber cambiado el destino de nuestra nación. Su poder militar estaba ubicado en una colina que era uno de los principales puestos de observación en Gettysburg, y su comandante general le dijo que, pasara lo que pasara, no podía perder la colina. El general además mencionó que mantener esta colina era la clave para ganar la batalla. Si las fuerzas confederadas capturaban la colina, entonces podrían atacar a los soldados de la Unión por la retaguardia y flanquear al ejército.

Según la batalla se intensificaba, con los Confederados disparando una y otra vez contra la colina, los soldados de Chamberlain se quedaron sin municiones. Sus tropas recomendaban la retirada. Aun su hermano, que era sargento del Vigésimo Regimiento de Infantería Voluntaria de Maine, sugirió la retirada.

Sin embargo, Chamberlain se negó. Se había comprometido con todo su corazón a conservar esta colina para el ejército de la Unión. Mientras el ejército Confederado se acercaba una vez más para capturar la colina, Chamberlain gritó: «¡Preparen las bayonetas!» Y luego ordenó a sus hombres que acometieran.

Los Rebeldes se paralizaron. No podían creer que las fuerzas de la Unión estuvieran atacando. Los Rebeldes pensaron que el ejército de la Unión debía tener una inmensa cantidad de refuerzos para contemplar una movida tan temeraria. En sus mentes era inconcebible que un regimiento tan golpeado asumiera posición de ataque.

Mientras que muchos de los Confederados dieron media vuelta y corrieron, muchos otros entregaron sus armas y se rindieron. Menos de diez minutos después de aquella orden de combate, el Vigésimo Regimiento de Infantería Voluntaria de Maine había capturado a más de cuatrocientos soldados confederados.

Algunos expertos han dicho que si el ejército de la Unión hubiera perdido la Batalla de Gettysburg, la situación habría sido distinta y el Sur hubiera ganado la guerra. Pero el Sur perdió en Gettysburg, y, a fin de cuentas, la Guerra Civil. El compromiso de un hombre, Joshua Chamberlain, cambió la historia de nuestra nación.

El compromiso engendra decisión. Chamberlain estaba decidido a no perder aquella colina, sin importar cual fuera el precio. Para alcanzar la cúspide en cualquier disciplina, el compromiso es absolutamente necesario. Sea que hablemos de deportes, ciencia o política, se requiere que exista compromiso para alcanzar la excelencia.

Vince Lombardi, el famoso entrenador de fútbol americano de los Green Bay Packers, una vez dijo: «La calidad de la vida de una persona está en directa proporción con su compromiso con la excelencia, independientemente de la misión que haya escogido». Mia Hamm, la famosa jugadora de fútbol, coincidiría incondicionalmente con la declaración de Lombardi. Mia no cree tanto en su habilidad, sino en el compromiso con la causa de mejorar sus destrezas.

Los padres saben que sus hijos serán exitosos en cualquier disciplina si tienen un nivel de compromiso como el de Joshua Chamberlain o el de Mia Hamm. Lamentablemente, ese tipo de compromiso es raro en los niños.

A pesar de que el compromiso tiene que nacer en el interior, los padres pueden ayudar a influenciar este compromiso usando las estrategias adecuadas. A continuación presentamos algunas recomendaciones para ayudar a tus hijos a desarrollar un compromiso que sea lo suficientemente fuerte como para «mantener la colina».

➡ Presenta ejemplos históricos de compromiso

Discute con tu hijo otros eventos importantes, a parte de la historia de Joshua Chamberlain, que cambiaron el curso de la historia. Tal vez fue un invento o una postura política. Demuéstrale a tu hijo cómo el compromiso con una causa puede producir cambios históricos.

◑ Comprométete usando un contrato

Obtener mejores calificaciones es una tarea difícil. Puede exigir trabajo arduo, así como compromiso. Usualmente, dedicar más tiempo a estudiar resultará en mejores calificaciones. Sin embargo, algunos niños pueden necesitar un empujoncito para entender que deben pasar más tiempo con los libros que viendo televisión o escuchando música.

El desarrollo de un contrato con tu hijo puede ser el empujoncito que necesita para aumentar su tiempo de estudio. Este contrato debe establecer requisitos tales como:

1. Cuánto tiempo va a pasar estudiando cada noche.
2. Cuándo va a estudiar (por ejemplo, de domingo a jueves, de 7:00 – 9:00 p.m.).
3. Los beneficios del estudio (por ejemplo, lograr admisión a la universidad que escoja, llegar a ser un doctor, etc.).
4. Un premio al final de un tiempo determinado (por ejemplo, el semestre) por cumplir con el programa. Discutan qué podría ser una recompensa apropiada. Asegurarse que el premio sea tanto atractivo como apropiado es un paso vital en el proceso.

Tanto el padre como el hijo deben firmar el contrato. Con la firma del contrato, el nivel de compromiso con el programa debe ser mayor.

◑ Comprométete usando ilustraciones

Además de un contrato, otro método para realizar el compromiso es usando ilustraciones y recordatorios sobre un resultado deseado. Si tu hija desea ser médico, pídele que recorte ilustraciones de doctores de algunas revistas. Luego coloca esas ilustraciones alrededor de la casa como recordatorio de su programa y sus metas. Una vez se solidifica un compromiso, cualquier batalla puede ser ganada.

PARTE 6

BALANCE EMOCIONAL: ENCUENTRA TU PAZ

Los individuos exitosos diversifican sus talentos y tienen balance emocional. Su vida está llena de actividades maravillosas. Pero gente balanceada como Paul McCartney y Annika Sorenstam aceptan sus vidas cuando las cosas no salen como estaban planificadas.

Una vida balanceada, sin embargo, es mucho más que sólo victorias... la risa, la alegría y el dominio de sí mismo también son imprescindibles. También tenemos que involucrarnos en nuestra comunidad para tener un sentido de balance y perspectiva.

¿Tiene tu hijo(a) balance y perspectiva? ¿Sabe cómo aceptar lo malo junto con lo bueno? ¿Puede mantenerse en calma cuando llegan momentos de presión?

Esta sección presenta ideas sobre cómo desarrollar balance en la vida de tu hijo(a) y cómo encontrar paz en medio de este mundo caótico.

40

Déjate llevar

Como escribió Charles Dickens en *Historia de dos ciudades*: «Fue lo mejor de todos los tiempos; fue lo peor de todos los tiempos». Los ciclos de la vida nos llevan a través de muchas cimas y muchos valles. Todos tenemos altas y bajas. Nos ocurre a todos.

A pesar de que Paul McCartney tuvo muchas altas en su carrera, el 1968 fue un año muy difícil para él. La carrera de los Beatles iba en descenso y cada vez se acercaban más y más al punto de desintegrarse. En aquel tiempo estaba viviendo como un hombre soltero y se la pasaba bebiendo, de club en club, amaneciéndose... desperdiciando su vida. Como Paul mismo lo explica, estaba deprimido y no se sentía bien acerca de sí mismo en esta etapa de su vida.

Una noche, tuvo un sueño muy reconfortante sobre su madre, Mary, quien había muerto cuando él tenía sólo catorce años. Paul apenas recordaba el rostro de ella. Sin embargo, en este sueño, vio su rostro muy claro, particularmente sus ojos. Ella le dijo sólo tres palabras con una voz muy suave y tranquilizante: *Let it be* [Déjate llevar].

Se levantó con un sentimiento magnífico. Paul sintió que su madre le había dado el mensaje que desesperadamente necesitaba: todo va a estar bien. Sencillamente, ve con la corriente... simplemente déjate llevar.

Se sentó en el piano y comenzó a escribir su famosa canción: «Cuando estoy pasando por momentos difíciles, Mamá Mary viene a mí, y me dice palabras sabias... déjate llevar, déjate llevar».

Esta canción se convirtió en su himno, una de las canciones por las que más se le conoce. Tal como lo describe Paul: «Escribir esta canción se sintió como si fuera magia».

La filosofía «déjate llevar» puede ayudarnos a aceptar los altibajos que todos experimentamos en una competencia, en una temporada o hasta en una carrera. La vida es fantástica cuando estás en la cumbre. Estos son los momentos cuando tenemos una confianza absoluta en nosotros mismos y todo nos sale bien.

Pero todos pasaremos por un momento de calma. Lamentablemente, una vez comienza la caída en picada, muchas personas pierden su determinación y hasta pueden ceder al pánico. Otros comienzan a dudar de sí mismos y pierden la confianza en sus habilidades. Con ese tipo de mentalidad, el descenso puede persistir por más tiempo, y hasta convertirse en un horrible colapso.

Tenemos que aceptar los momentos en los que estamos pasando por dificultades y sencillamente debemos ir con la corriente... simplemente, dejarnos llevar. La siguiente herramienta mental ayudará a tu hijo a conseguir la mentalidad de «dejarse llevar».

⇨ Sé como Mike

Adoptar la mentalidad de Michael Jordan, uno de los mejores jugadores de baloncesto de todos los tiempos, puede ayudar a un niño a ser más tolerante con las altas y bajas en el desempeño.

Michael Jordan se dejó ir con la corriente porque era un gran estadístico del baloncesto. En ciertos momentos durante un juego, Michael sabía que iba a fallar algunos tiros, tal vez varios de ellos en línea. Sin embargo, continuaba tirando al canasto porque sabía que eventualmente volvería a tener una buena racha de encestadas.

Los estadísticos saben sobre porcentajes y Michael sabía que los porcentajes en el baloncesto se llevaban por tiros fallidos y tiros encestados. Más aún, Michael aparentemente también sabía que los tiros fallidos y los tiros encestados vienen en grupos.

Tal como te diría un matemático, la estadística es muy sencilla. Digamos que Michael tenía un promedio de 70 en tiros de campo. Eso no significa que iba a encestar siete intentos y luego fallaría tres en línea. Más bien, tendría muchas y diferentes secuencias de tiros encestados y tiros fallidos. Una secuencia podría ser dos intentos fallidos al canasto y seis encestadas, seguido por tres tiros fallidos, luego siete encestadas y un tiro fallido. La secuencia puede tener muchas variaciones distintas. Pero al final de la temporada, cuando sumas todos los canastos logrados y fallados, obtendrás siete canastos por cada diez tiros intentados.

Para que tu hijo sea más como Mike, primero calcula sus porcentajes en algún desempeño. Podría ser porcentaje de bateo, porcentaje de goles de campo, o número de calificaciones de A y de B en sus exámenes.

Luego, crea un patrón de fallidos y aciertos que refleje este porcentaje. Por ejemplo, digamos que tu hijo tiene un promedio de bateo de .250. Pídele a tu hijo que prepare un diagrama donde ilustre sus fallidos y aciertos, donde X equivale a los aciertos y O equivale a los fallidos. Como ejemplo, crea una serie de 40 intentos que corresponda al promedio de bateo .250, con 10 bateadas por cada 40 intentos al bate. En este caso, la secuencia puede verse así:

XXOOOOOOOXXOOOOOOOOOOXXXXOOOOOOOOOOXOOOX

Por último, discute con tu hijo todos los patrones que pueden presentarse. Por ejemplo, hay un momento en esta secuencia en el que tu hijo no bateó ni una vez en diez intentos al bate. Hazle entender que ese tipo de mini-colapso es normal. Al trazar este tipo de diagrama, resultará evidente que las altas y las bajas son la manera en que la bola típicamente da sus tumbos durante una temporada.

El mismo principio estadístico puede aplicarse a un estudiante que saca B en ciencias. Este estudiante puede sacar algunas calificaciones de C en varios exámenes y quizás hasta una D, pero tal vez algunas A.

Enséñale a tu hijo a no criticarse demasiado ni a perder la compostura en el peor de los momentos. Enfatiza que el mejor momento está sólo a la vuelta de esquina. Como nos diría Paul McCartney, es importante que simplemente nos dejemos llevar.

41

DESCUBRE LA ALEGRÍA

Willie Stargell, un ex beisbolista de los Piratas de Pittsburg, señaló en una ocasión que los árbitros comenzaban un juego gritando: «¡A jugar pelota!», y no gritando: «¡A trabajar pelota!» A Willie le encantaba jugar béisbol, pero más importante aún, se dio cuenta que su nivel de juego sería mucho mayor si disfrutaba lo que estaba haciendo. Dusty Baker, un gran jugador de los Dodgers en la década de los setenta, tenía creencias parecidas. Dusty recordaba todos los fantásticos momentos que había vivido jugando pelota en el patio de su casa y llevaba con él esos pensamientos placenteros cuando se paraba a batear.

Cuando Bill Bradley habla sobre básquetbol, es como si estuviera hablando de un amigo querido. «Sentía hacia la cancha, la pelota y el canasto lo mismo que la gente siente hacia sus amigos», escribió en su libro *The Values of the Game* [Los valores del juego]. Bradley comentó que jugaba al máximo de su capacidad cuando permitía que el niño que tenía adentro saliera y disfrutara la alegría del juego. Más aún, mencionó que jugaba por el puro placer de tirar y pasar la pelota. Para Bradley, encestar era siempre secundario a la alegría que sentía al jugar. La importancia de encontrar la alegría en tu deporte no es algo nuevo. El antiguo filósofo chino, Chuan Tzu sabía que esto era cierto y escribió hace muchos años atrás:

> *Cuando los arqueros disparan sólo por el disfrute, tienen todas sus destrezas,*
> *Cuando disparan por una hebilla de bronce, se ponen nerviosos,*
> *Cuando disparan por un premio de oro, comienzan a ver dos blancos.*

Si quieres que tu hijo se desempeñe de manera excelente bajo presión, entonces es imprescindible que encuentre alegría en la actividad. Tal como creía Tzu, disfrutar lo que hacemos es uno de los mejores antídotos contra la presión y el estrés.

La diversión y el estrés no se mezclan; son como el aceite y el vinagre. El placer en la acción, sin embargo, ayudará a remover la presión del día.

Los padres deben animar a los hijos a creer que el placer del desempeño debe ser mayor que la presión del desempeño. El golfista profesional Davis Love III en una ocasión comentó sobre el consejo más importante que jamás recibiera de su padre: «Ve tras tu sueño y disfruta la jornada».

Los siguientes ejercicios ayudarán a los padres a promover el placer de la jornada en sus hijos.

◑ Haz una «lista de la alegría»

Tu hijo se sintió atraído hacia su pasatiempo o deporte por muchas razones, y una de ellas debe haber sido el disfrute. Algunas veces la presión nos hace perder de vista el placer. Para enfatizar el placer, pídele a tu hijo que haga una lista de diez razones por las que disfruta ciertas actividades, tales como tocar su instrumento musical o practicar su deporte. Tal vez quieras hacer una «lista de la alegría» para todas sus actividades.

Luego, piensa en maneras para realzar la alegría en la vida de tu hijo. Por ejemplo, si tu hijo contestó que disfruta cuando ve que mejoran sus destrezas en el piano, asegúrate de que tu reacción refleje algo sobre dominio de las destrezas. Enfócate en actividades que puedan llevar su progreso al siguiente nivel. Además, establezcan metas que enfaticen el mejoramiento de destrezas.

Si la lista incluye el disfrute del aspecto social de su equipo de fútbol, entonces enfatiza en sus amistades. Tal vez asegúrate de que tiene tiempo suficiente antes y después del juego para socializar con sus compañeros de equipo.

Sobre todo lo demás, ten integridad

Mientras caminaba con sus amigos hacia el puesto de ventas en el juego de football del viernes en la noche, Jake vio una billetera en el suelo. La recogió y la abrió, y vio tres relucientes billetes de $100 en ella. Sus amigos felizmente anunciaron que habían encontrado el «premio gordo» y que iban a pasarla muy bien cuando terminara el partido.

Sin embargo, Jake dijo que iba a devolverla al puesto de venta. Sus amigos no podían creer lo que oían y trataron de persuadirlo. Pero Jake les contestó: «Mi papá perdió su billetera la semana pasada y vi la mirada de alegría y alivio en su rostro cuando alguien se la devolvió, con todo el dinero adentro. Lo lamento, pero tengo que devolver esta billetera».

Justo cuando se acercaban al puesto de ventas, un hombre se apresuró al cajero con una mirada de desesperación en su rostro, preguntando sobre la billetera perdida. Jake, con una gran sonrisa, se volteó hacia el hombre y le dio la billetera. El hombre entonces la abrió y vio los $300 dólares, así como todas sus tarjetas de crédito. Entonces le entregó a Jake uno de los billetes de $100 y le dijo lo impresionado que estaba por la honestidad y la integridad de Jake.

Jake descubrió aquella noche cómo una buena obra merece otra buena obra.

La mayoría de los padres quiere que sus hijos actúen con el máximo nivel de integridad. La mayoría de los padres apreciaría muchísimo el momento en el que sus hijos actuaran como Jake. Creerán que han hecho bien su trabajo si sus hijos valoran su integridad más que el dinero, y valoran la integridad más que ganar un evento importante o tomar ventaja de una competencia.

Joe Paterno, el entrenador de football de Penn State, dijo en una ocasión: «El éxito sin honor es como un plato sin sazón: va a satisfacer tu hambre, pero no sabrá bien». Inculcar integridad y honor en los niños es vital si queremos que se sientan bien por sus acciones. Lamentablemente, nuestros niños reciben demasiados mensajes mixtos a través de los medios sobre ganar a toda costa. Nuestros niños tienen demasiados modelos que cruzan la línea de la integridad.

Tomemos como ejemplo la Serie Mundial del 2006. Muchos jugadores de los Cardinales de St. Louis cuestionaron si Kenny Roger, lanzador de los Tigres de Detroit, estaba usando resina de pino para sacar ventaja. La alegación nunca fue probada, sólo sugerida. Roger negó la alegación y dijo que había usado sólo barro y resina seca para enlodar la bola. Los árbitros no persistieron en el asunto.

Sin embargo, por mucho tiempo el béisbol y la trampa han estado asociados. A principios de siglo, los Medias Blancas vendieron la serie de 1919 por unos cuantos pesos adicionales, escándalo que por siempre será conocido como el «Escándalo de la Media Negra». Recientemente, los esteroides en el béisbol han sido un problema. Barry Bonds nunca ha admitido que los haya tomado a sabiendas. En lugar de esto, acusa a su entrenador por su infracción. Y el rey de *home run*, Mark McGwire, hace la vista gorda cuando se comenta sobre su posible uso de esteroides.

Las trampas en el béisbol es sólo la punta del iceberg moral en los deportes. También podemos señalar otros deportes con el mismo problema. Cualquier domingo, habrá *holding* en todos los juegos de la NFL [Liga Nacional de Fútbol, por sus siglas en inglés]. El *holding* [aguantar] retrasará significativamente el ímpetu de un pase, así que muchos jugadores ofensivos tratarán de salirse con la suya con esta transgresión para lograr la victoria. Pero también en el tablero vemos trampas. Algunos jugadores se desplazarán con la bola en la mano, sabiendo que la mayoría de las veces los árbitros lo dejarán pasar.

Los ejemplos de ineptitud moral no son exclusivos de los deportes. Recordemos a Enron, donde los líderes corporativos estafaron millones de dólares a sus empleados. Jeff Skilling, el director ejecutivo de Enron, expresó remordimiento cuando lo encontraron culpable, pero todavía cree que no hizo nada incorrecto.

Estamos en una batalla por la integridad de nuestros hijos. En una reciente encuesta sobre la ética en los niños, el 60% de los estudiantes norteamericanos en escuela secundaria admitieron haber hecho trampa en un examen. Además, un 62% admitió haberle mentido a la maestra en los pasados doce meses y el 81% confesó haberle mentido a sus padres. La ética es definitivamente un problema entre la juventud.

Tristemente, los niños tienen demasiados ejemplos pobres para emular. Si nuestros hijos ven a atletas profesionales haciendo trampa y a líderes de corporaciones robando, las probabilidades son más altas de que nuestros hijos hagan lo mismo.

Afortunadamente, los padres juegan el papel más importante en inculcar integridad en sus hijos, tanto dentro como fuera de la cancha. Aunque los niños tienen héroes de la televisión, la influencia real comienza fuera de esa caja, en el hogar con los padres. Los siguientes ejercicios enseñan a los padres cómo enfatizar la integridad en sus hijos.

> ## ⊃ Deja que la integridad fluya desde todas las direcciones

Arthur Gordon, un político y autor, dijo una vez: «En matemática, un número entero no puede dividirse en fracciones y seguir siendo entero. Así también un hombre de integridad no puede dividirse por sí mismo». Una persona no tiene integridad de vez en cuando o sólo en ciertas ocasiones. Una persona de integridad tiene integridad todo el tiempo y en todas las situaciones.

Para explicarles este principio a tus hijos, busca una pajilla (sorbete, popote, pitillo) y córtalo en tres partes. Diles que el primer pedazo se relaciona a tener integridad en la escuela: no hacer trampa en los exámenes ni copiarse la tarea de otra persona. El segundo representa las relaciones: lo que significa decir la verdad en lugar de mentir a tus amigos o padres para obtener lo que quieren. El tercero, representa algún deporte o actividades como la música: tener un buen espíritu de competencia, sea que gane o pierda, así como no hacer trampa para ganar.

Ahora trata de pegar con cinta adhesiva la pajilla a ver si funciona. ¡Seguro que no! El aire se va a escapar por todos los lados y la pajilla será inservible. Explícales a tus hijos que la pajilla es como nuestra integridad. No podemos ser íntegros sólo en un área de nuestras vidas. Para que la integridad fluya en nuestras vidas, necesitamos sellar todos los huecos exhibiendo integridad en todas las situaciones.

➡ Discute algunos escenarios del tipo «¿qué sucede si...?»

Preséntale a tu hijo diferentes situaciones que prueben su integridad. Juega «qué sucede si...?» y discute cómo puede responder. Además, comenten sobre las consecuencias de sus acciones. He aquí una lista que escenarios del tipo «¿qué sucede si...?» relacionados con la integridad:

- ¿Qué sucede si te dan anticipadamente las respuestas para un examen?
- ¿Qué sucede si tu amigo te pide que lo ayudes a hacer una trampa?
- ¿Qué sucede si encuentras una billetera con $300?
- ¿Qué sucede si ves a un vagabundo acostado en medio de la acera?
- ¿Qué sucede si necesitas el punto para ganar el match y el tiro de tu oponente cayó dentro de la línea de la cancha pero el árbitro dice que fue afuera?

Estos son sólo algunos ejemplos. Haz que la lista sea relevante para tu hijo(a). Esto creará algunas discusiones muy significativas.

DIVERSIFICA TUS INTERESES

«¡ Apúrate! ¡Avanza! Vamos a llegar tarde a la práctica de fútbol, y después tengo que llevar a tu hermana al estudio de baile», dijo la mamá de Esteban, «y luego tengo que llevarte a tomar tus lecciones de piano y a tu hermana a sus clases de violín».

Este tipo de interacción es lo que ocurre muchas veces en la mayoría de los hogares en Estados Unidos. Típicamente, los padres quieren exponer a sus hijos a la mayor cantidad de experiencias maravillosas posible, con la creencia de que esa participación en muchas actividades crea balance y perspectiva. Más importante aún, los padres creen que el balance y la perspectiva son ingredientes clave en vivir una vida feliz y en su totalidad.

Una vida balanceada le da a Venus Williams, la ex tenista número uno en el mundo, un sentido de bienestar. Durante una entrevista televisada en el U.S. Open del 2003, el comentarista le preguntó a Venus cómo se sentía con respecto a su retiro del torneo a causa de una lesión. Venus había perdido en las finales del 2002, y el comentarista se preguntaba si ella estaba ansiosa por regresar a la competencia. Con un resplandor reservado para individuos iluminados, Venus mencionó que se sentía decepcionada, no obstante eternamente feliz. Luego habló con mucha alegría sobre su nueva compañía de diseño de interiores y de su nueva línea de vestimenta para tenistas. Venus Williams es mucho más que simplemente una de las mejores tenistas de todos los tiempos. Venus tiene una vida plena.

No obstante, tener demasiadas actividades y «el plato de la vida demasiado lleno» puede ser problemático para los niños. Existe una línea entre alentar a tus hijos a participar en varias actividades y empujarlos a participar en un enjambre de actividades. Los padres que desean que sus hijos tengan vidas balanceadas necesitan tener cuidado de no empujar a sus hijos a una vida estresante, fuera de balance y caótica como resultado de exceso de actividades.

Una pregunta clave para este tema tan importante es: «¿Cuántas actividades son apropiadas para mis hijos?»

Los psicólogos deportistas han estado estudiando a atletas jóvenes por más de veinte años. Estas investigaciones han descubierto información vital relacionada a la crianza de niños exitosos y felices. Lamentablemente, la mayor parte de esta información se queda en revistas académicas que no llegan a la audiencia más importante: los padres.

Uno de esos estudios que tiene una aplicación maravillosa para la crianza involucra a jugadores de tenis de Suecia en la década de los ochenta. Hace veinte años, el tenis masculino era dominado por jugadores como Bjorn Borg, Stefan Edberg y Mats Wilander. Los científicos deportistas querían descubrir cómo un país tan pequeño con tan pocos habitantes podía dominar un deporte internacional. Para descifrar el misterio, los científicos investigaron las diferencias entre los tenistas que alcanzaban reconocimiento internacional y aquellos que nunca pasaban de clasificaciones aficionadas.

Esta investigación reveló un hallazgo importante relacionado con el número de actividades que era apropiado para desarrollar la excelencia. Los tenistas exitosos en el estudio participaban en diferentes deportes, tales como: fútbol, hockey sobre hielo y tenis. Sin embargo —y este punto es clave— cuando estos atletas cumplieron quince años, jugaban sólo tenis. Interesantemente, los atletas menos exitosos compitieron sólo en tenis durante todos sus años formativos más jóvenes.

Participar en una variedad de actividades puede promover la excelencia en dos maneras importantes. Primero, participar en una variedad de deportes puede ayudar en el desarrollo motor. El joven atleta aprende a desarrollar destrezas de coordinación que puede transferir a otros deportes. Por ejemplo, jugar fútbol a una edad temprana puede contribuir a un mejor movimiento de piernas en la cancha de tenis. Segundo, la diversificación puede reducir la presión. Si un niño participa sólo en una actividad, hay una necesidad de siempre tener un buen desempeño en esa actividad para anotar esos «puntos a la autoestima». Sin embargo, si el niño participa en diversos deportes, o participa en una variedad de actividades, entonces hay menos presión de que siempre tenga una buena ejecución. Se puede sentir bien con respecto a sí mismo al participar en varias actividades y pasatiempos, y por lo tanto la presión se desvía de tener que desempeñarse bien en cada situación.

Este principio de diversificación será válido para tu hijo(a). A continuación se presentan algunas recomendaciones para ayudar a diversificar el talento de tu hijo.

⇨ Promueve el que sea ambidiestro

Cuando Miguel Ángel estaba trabajando en la Capilla Sixtina, cambiaba de una mano a otra para pintar el famoso techo. A pesar de que Miguel Ángel era realmente ambidiestro, él creía en la importancia de desarrollar balance en sus habilidades.

Sugiérele a tu hijo que se convierta en un deportista balanceado en sus extremidades. Si juega golf con la mano derecha, pídele que le pegue a varias pelotitas del lado izquierdo siempre que practique. La misma filosofía aplicaría a otros deportes, como el béisbol y el fútbol. Los jugadores deben practicar el bateo y las patadas desde ambos lados.

⇨ Reduce las lesiones

Participar en una variedad de deportes puede reducir el riesgo de sufrir lesiones. Cuando tu hijo usa los mismos músculos y tendones en la misma actividad, es probable que los use excesivamente y se lesionen. La participación en una variedad de actividades da a tu hijo tiempo de sanar y descansar ciertos músculos y tendones, reduciendo así el riesgo de lesiones.

⇨ Crea un balance apropiado

De acuerdo al estudio descrito en este capítulo, parece apropiado que los padres promuevan el que sus hijos se enfoquen en tres actividades diferentes. Por ejemplo, que practiquen fútbol, toquen el piano y actúen en una obra escolar. Enfocarse en más de tres actividades puede ser innecesario y posiblemente contraproducente.

Pregúntale a tu hijo qué tres actividades prefiere. Enfócate en esas tres con gran energía y pasión. Eventualmente, tu hijo se inclinará por la actividad en la que es más talentoso y la que más disfruta.

Ciertamente los padres no deben sentirse culpables por tener a sus hijos participando en sólo unas pocas actividades cada año. Deben sentir el alivio al entender que una lista relativamente corta de actividades supera a una lista infinita de pasatiempos.

44

Balance, competencia y dominio

Parece que el mantra de nuestro país es: «Ganar no lo es todo, ganar es lo único». A muchos norteamericanos sólo les importa ganar. El segundo lugar o meramente competir no es lo suficientemente bueno. ¿Acaso celebramos al equipo de béisbol, baloncesto o football que pierde en las finales? ¿Recordamos qué equipo perdió el Super Bowl hace dos años?

Los atletas olímpicos que gana la de oro son típicamente galardonados con riqueza, respeto y fama. Los atletas que ganan medalla de plata o de bronce por lo general son olvidados rápidamente. Nuestros niños reciben el mensaje de que ser número uno es la única meta que importa.

Sin embargo, no todas las culturas valoran ser el número uno. Algunas culturas orientales valoran el autodominio como la clave para la iluminación. Hay una historia que ilustra esta filosofía. Un turista norteamericano estaba en Asia en el día del peregrinaje a la cima de una montaña sagrada. Miles de aldeanos escalarían hasta llegar a la cima. El turista, que había sido una persona activa toda su vida y estaba en excelente condición física, decidió unirse al peregrinaje. Después de veinte minutos, ya no le quedaba aire y no podía dar ni un paso más. Sin embargo, los ancianos y jóvenes de la aldea le pasaban por el lado sin ningún problema. «No entiendo», le dijo a su compañero asiático. «¿Cómo pueden todos estos aldeanos escalar la montaña, mientras que a mí se me hace tan difícil?»

Su amigo le contestó: «Tienes la típica actitud norteamericana y ves todo como una competencia. Ves la montaña como tu enemiga y te enfocas en conquistarla. Así que, naturalmente, la montaña se defiende. La montaña siempre va a ser más fuerte que tú. Sin embargo, nuestra cultura no ve la montaña como enemiga sino como una amiga, una amiga que nos dirigirá a lo largo del trayecto. El propósito de nuestro ascenso es disfrutar la montaña y aprender de ella, así que ella nos estimula y nos lleva consigo».

Cuando la meta de ser el mejor y ganar es la única preocupación, entonces esta presión puede sentirse como una montaña sobre tus hombros. La mayoría de las personas no son las mejores en sus disciplinas y, en la mayoría de los casos, sólo la mitad de la gente en el campo puede ganar. En consecuencia, la búsqueda de la victoria puede volverse insuperable para aquellos que rara vez ganan.

Los investigadores han descubierto que los niños que se enfocan en ser mejores que sus pares pueden tener menos confianza y disfrute en la actividad, especialmente cuando no están ganando. Enfocarse principalmente en metas competitivas también puede contribuir a abandonar la actividad.

Por otro lado, los estudios han revelado que cuando una persona se enfoca en la superación personal en lugar de hacerlo en ser el mejor y ganar, ocurre un aumento considerable en confianza y motivación, así como una notable mejoría en el desempeño. El enfoque en el dominio propio puede incluso mejorar el espíritu deportivo del atleta. En cambio, cuando los padres enfatizan en ganar como la máxima prioridad, los niños asimilan ese valor y puede que hagan lo que sea necesario para ganar. En muchos casos, eso lleva a hacer trampa y mentir. Más aún, cuando los padres enfatizan que ganar es el valor supremo, los hijos se sienten mal cuando no lo logran, y esto provoca que no puedan manejar bien las veces que pierden.

Sin embargo, tampoco debemos desalentar por completo el enfoque en ser el mejor. En algunos casos, enfocarse en ganar es esencial. Muchas personas que se desempeñan de manera excelente en sus disciplinas valoran mucho ser «el mejor» y tienen éxito gracias a esa necesidad. Tratar de ser el mejor en tu clase, el mejor en tu equipo o el mejor en la orquesta puede encender la llama que te lleve a practicar por largas horas. Sin esto, muchos perderían su deseo de competir.

Para ayudar a un niño a desempeñarse bien en los niveles más altos, tiene que haber un balance en la forma de ver la competencia y el dominio propio. Ambos objetivos pueden alimentarse uno del otro, ayudando así a tu hijo a alcanzar niveles más altos que cuando sólo se enfoca en uno o el otro. Algunos investigadores han encontrado que la combinación de objetivos crea el mejor camino a la excelencia.

Una estrategia como esta le funcionó a Nick Faldo. A mediados de la década de los ochenta, Nick era uno de los mejores golfistas en Europa.

Sin embargo, él quería ser reconocido como uno de los mejores golfistas en el mundo. Para lograrlo, un golfista tiene que ganar los torneos importantes. Lamentablemente, el *swing* de Nick no era consistente cuando estaba bajo la presión de un torneo importante. Por cosas del destino, Nick conoció a David Leadbetter, quien reconstruyó el *swing* de Nick pedazo a pedazo.

Sin embargo, esta no fue una tarea fácil para Nick. En los años siguientes, su juego no figuró entre las estadísticas más sobresalientes y bajó su ranking en el deporte. Durante este período, Nick estuvo dispuesto a restarle importancia a sus objetivos competitivos y a enfocarse principalmente en dominar su nuevo *swing.*

A fin de cuentas, todo ese trabajo arduo en su nuevo *swing* tuvo un buen rendimiento. En 1989 ganó su primer Masters, un importante torneo de golf, y desde entonces ha ganado cinco torneos de renombre, así como haber sido seleccionado al Salón de la Fama del golf. Al enfatizar tanto en el aprendizaje como en los objetivos competitivos, Nick llegó a ser un jugador de renombre mundial.

La mayoría de los padres quieren que sus hijos sean exitosos. Algunos padres se enfocan solamente en que sus hijos se conviertan en los mejores, mientras que otros quieren que sus hijos se diviertan y dominen la destreza.

Tal vez el asunto no debe ser si el objetivo de dominio o el competitivo sea el más conducente al mejor desempeño. Si no más bien, cuándo estos objetivos deben ser implementados. Es decir, tal vez sea un asunto del momento apropiado. Algunas veces enfocarse en el dominio es apropiado y otras veces los objetivos competitivos pueden ayudar a alcanzar las metas.

Los padres necesitan evaluar cuál objetivo se justifica basado en el niño y en la situación. Crea un balance entre ambos aspectos y tendrás un hijo bien balanceado, que se divierte plenamente y con deseos de ganar. Los siguientes ejercicios se enfocan en crear un balance entre el objetivo de dominio y el competitivo.

➪ Aprende a valorar la competencia

¿Qué pasa cuando el niño se enfoca sólo en divertirse en un ambiente que es altamente competitivo?

Es muy probable que se sienta fuera de lugar.

El enfoque en el dominio es apropiado en ciertos momentos, pero durante la competencia, el deseo de divertirse no es suficiente. Si tu hijo se enfoca principalmente en pasarla bien y el dominio, elogia esos objetivos, pero también enfatiza la posibilidad de ganar. Discute con tu hijo los beneficios de una perspectiva competitiva.

Algunas posibles preguntas para hablar de este tema con tu hijo incluyen:

- ¿Acaso la perspectiva de ganar alimenta tu deseo de practicar?
- ¿Disfrutas de ser el mejor en tu clase?
- ¿Te sientes bien cuando ganas? ¿Por qué?
- ¿Por qué es importante para ti ser uno de los mejores trompetistas en la banda?

Además, debes añadir aquí y allá algunas metas competitivas en un niño orientado hacia el dominio. Por ejemplo, puedes establecer junto a tu hijo la meta de estar entre la mitad superior de su clase, ganar por lo menos la mitad de sus partidos de fútbol o estar entre la mitad superior de los mejores violinistas en su orquesta. Una vez alcance estas metas, entonces establece otras más competitivas. Esto crea un balance entre los objetivos de dominio y los competitivos.

➡ Domina tu mundo

¿Qué ocurre cuando un niño enfatiza en ganar a toda costa y no es el mejor? ¿Qué pasa cuando ser el número uno es la clave, pero tu hijo es sólo el sustituto en la banca?

Esto puede ser muy problemático. Puede llevarle a sentir demasiada ansiedad y «quemarse», especialmente cuando tu hijo no alcanza la victoria. En este caso, los padres deben enfatizar en la importancia del dominio. Si tu hijo no ganó el match ni tuvo su mejor desempeño, entonces discute con él qué puede aprender de la experiencia. Un padre siempre puede encontrar algunos objetivos de dominio sobre los cuales enfocarse dentro de un ambiente competitivo. Algunas preguntas que puedes discutir con tu hijo incluyen:

- ¿Mejoró tu porcentaje de tu segundo servicio?
- ¿Fue mejor en esta ocasión tu respuesta a la pregunta de ensayo?
- ¿Recitaste tus líneas en la audición con más pasión, aun cuando no te dieron un papel en la obra?

Con un hijo altamente competitivo, el padre debe incluir algunas metas de dominio durante el semestre. Estas pueden incluir mejorar su porcentaje en la línea de tiro libre en un diez por ciento, leer un libro más que su promedio típico cada semestre o anotar un gol adicional que su promedio en la temporada de fútbol.

45

Patrocina tu autoestima

Luego de obtener su título en economía en Estados Unidos, Muhammed Yunus regresó a su país natal, Bangladesh, para hacer una diferencia. Armado con conocimiento, creía que podía promover un cambio significativo en su país a través del micro-crédito. Fundó el Banco Grameen y comenzó a otorgar préstamos pequeños a los pobres, en una cantidad máxima de $300 dólares.

Muhameed entendía que aun pequeñas sumas de dinero podían ayudar a las personas a comenzar un negocio. Préstamos tan pequeños como $9 dólares ayudaron a mendigos a empezar un pequeño negocio y a una mujer pobre a comprar los materiales para la confección de canastas.

Sin embargo, los receptores ganaron mucho más que riqueza material con este proceso. Muhammed se dio cuenta que este préstamo le daba a los receptores un nuevo sentido de fortalecimiento. Demostraba que alguien creía en ellos, lo que les otorgaba dignidad y los ayudaba a sentirse mejor con ellos mismos. El préstamo no se trataba sólo de comprar materiales; también les ofrecía un estímulo a su autoestima.

Por su trabajo, Muhammed fue galardonado con el Premio Nobel de la Paz en el 2006. El comité dijo: «Una paz duradera no puede conseguirse a menos que grandes grupos de personas encuentren la manera de salir de la pobreza. El desarrollo desde los niveles más bajos también sirve para adelantar la democracia y los derechos humanos».

Un ascenso en la autoestima puede cambiar la dirección de una nación. Un ascenso en la autoestima de un niño puede cambiar su destino. Los padres luchan continuamente con ayudar a aumentar la autoestima de sus hijos. Típicamente, los padres quieren que sus hijos tengan un sentido de fortalecimiento y que crean que sus acciones pueden hacer una diferencia. La mayoría de los padres sabe que tener una alta autoestima es la clave para el éxito.

En el pasado, los expertos animaban a dar recompensas y retroalimentación positiva para aumentar la autoestima. Cuando se usa apropiadamente, el elogio puede aumentar la autoestima. Específicamente, el elogio y la recompensa deben ofrecerse cuando un niño actúa de una manera competente; esto es, cuando hace una excelente jugada en su juego de baloncesto u obtiene una buena calificación en un examen.

Lamentablemente, estos elogios pueden disminuir la autoestima de un niño si se usan al azar. Si se ofrecen elogios por acciones ordinarias que no son necesariamente merecedoras de elogio, puede disminuir la confianza del niño. El elogio puede ser contraproducente si se le ofrece al niño todo el tiempo.

La creencia actual es que para incrementar la autoestima, tenemos que enfocarnos en retar las mentes jóvenes. Más importante aún, la autoestima será reforzada cuando los niños saben cómo pueden hacerle frente a estos retos. La crítica constructiva muestra a los niños cómo pueden enfrentar estos retos efectivamente.

Theodore Leschetizky, el gran maestro de piano, una vez dijo: «La gente dice que aprendemos mucho de las cosas desagradables porque nos hacen pensar, mientras que las cosas buenas sólo nos hacen felices». Leschetizky sabía que desarrollar la autoestima requiere mucho más que sólo elogios. Podemos sentirnos mejor acerca de nosotros mismos cuando probamos un poco de crítica porque la crítica nos hace evaluar nuestras acciones. Mejoramos gracias a la crítica, mientras que los elogios con frecuencia nos alientan a repetir nuestras acciones y no nos ayudan a progresar.

Si bien es cierto que la crítica constructiva es esencial en el desarrollo de la autoestima, si se ofrece excesivamente, tu hijo te dejará de prestar atención. Para disminuir esta posibilidad, los padres deben usar los elogios para abrir la puerta al compromiso. Esto es, el elogio y la crítica deben darse juntos como un vehículo para el cambio. Los siguientes ejercicios ilustran cómo crear un balance entre el elogio y la crítica constructiva.

➾ Alimenta la autoestima con la estrategia del sándwich

Con la estrategia del sándwich, el elogio primero se ofrece en relación con una conducta específica que el niño ejecutó bien. Luego, se ofrece la crítica en relación con lo que el padre quisiera cambiar. El mensaje termina con una forma de elogio sobre cierta habilidad relacionada.

He aquí algunos ejemplos de la estrategia del sándwich:

- *Me gusta como acomodaste tus camisas en el estante del clóset. Sin embargo, creo que puedes organizar mejor la gaveta de tus medias. Tu cuarto se ve cien por ciento mejor. Aprecio mucho el esfuerzo que hiciste por recoger tu cuarto antes de que tus primos nos vengan a visitar.*

- *Me gusta la manera en que doblas tus rodillas para atrapar la bola. La próxima vez trata de apresurarte un poco más cuando la bola vaya hacia ti. A la verdad que cada vez estás jugando mejor en esta posición.*

- *Tu ritmo en el recital fue muy agradable. Me parece que tienes que extender algunas notas un poco más. Ya estás muy cerca de tocar esa pieza tal como la escribió el compositor.*

- *Hoy estás tratando mucho mejor a tu hermano. Todavía debes limitar la forma en que a veces lo humillas. ¡Mantén esa actitud de buen hermano!*

El desarrollo de la autoestima se parece mucho al antiguo adagio sobre la autosuficiencia y la pesca: Si le das a una persona hambrienta un pez, comerá por un día. Si le enseñas a una persona hambrienta a pescar, comerá por toda la vida.

Para continuar con la analogía de la pesca: para desarrollar efectivamente la autoestima en tu hijo, elógialo cuando pone el señuelo en el agua. Pero también corrige sus errores para que se vuelva diestro en la pesca. Cuando alcance cierto nivel de pericia, llévalo a pescar en lugares más retadores. Entonces, en el tiempo apropiado, creerá que es un gran pescador.

46

VE CON CALMA

Durante muchos meses, Vanesa había practicado su pieza favorita de Beethoven para esta audición. Pero hoy, cuando realmente importaba, en su audición de admisión a Julliard —la reconocida escuela de artes en Nueva York— Vanesa no tenía «la magia». Su tiempo y su ritmo no estaban bien y tocó la pieza mucho más rápido de lo que Beethoven hubiera querido.

Luego de la audición, el instructor de piano de Vanesa le preguntó qué le había ocurrido. Vanesa respondió: «¡Todo parecía ir tan rápido! Mis dedos se movían demasiado rápido, mis ojos se movían muy rápido y mi cerebro iba a velocidad luz. Todo esto provocó que me saliera de tiempo y sencillamente me hizo meter la pata».

Vanesa había sucumbido a los poderes de la ansiedad. Cuando estamos ansiosos, secretamos hormonas como la epinefrina y la noradrenalina, que actúan como estimulantes. Típicamente, cuando estamos ansiosos, hacemos todo más rápido. Hablamos y caminamos más rápido. Estas hormonas pueden provocar que nuestros dedos se muevan más rápido, así como acelerar nuestro pensamiento, como le ocurrió a Vanesa. Estas hormonas, entonces, son la causa del pobre desempeño de Vanesa.

Las hormonas liberadas por nuestros pensamientos de ansiedad no sólo afectan la ejecución del piano. Pueden perjudicar un buen swing de golf o el movimiento de un gran lanzamiento, así como arruinar nuestras habilidades para contestar un examen. En definitiva, tenemos que controlar estas hormonas con los pensamientos y las conductas apropiadas. Las siguientes herramientas mentales ayudarán a los niños a combatir el aumento en velocidad que provocan estas hormonas.

⟳ Mantente calmado cuando estés bajo presión

Gary Player, uno de los grandes golfistas de todos los tiempos, conoce muy bien sobre este problema de velocidad durante las competencias. Para combatir este potencial problema, desarrolló una estrategia mental única: hace todo a un paso más lento antes de un torneo. Se toma más tiempo en llegar a su lugar de práctica de tiros y hasta se amarra sus zapatos sin prisa antes de comenzar el torneo.

La estrategia de Gary es bastante ingeniosa. Mientras que sus movimientos pueden parecerle más lentos, Gary realmente se mueve a una velocidad normal. Esta estrategia contrarresta el aumento en velocidad causado por sus hormonas, y el resultado es una velocidad equilibrada.

Haz que tus hijos vayan más calmados a actividades cargadas de presión. Si tu hija tiene una audición como la de Vanesa, haz que reduzca su velocidad. Sugiérele que saque el instrumento de su estuche con más calma. Que acomode sus hojas de música en el estante con más lentitud y, en términos generales, que se mueva un poco más lento antes de que comience a tocar.

Si tu hijo juega golf, aplica la filosofía de Gary cuando esté bajo el cañón de la competencia. Sugiérele que camine a paso lento hacia su lugar de práctica de tiro. Aconséjale que haga algunos movimientos de práctica lentos y que caliente a un paso deliberadamente pausado. Una vez esté listo, dile que se acerque al *tee* como si sus pies estuvieran en melaza. Cuando esté preparado para hacer su primer tiro, dile que piense en hacer todo un poco más lento, desde su swing de práctica hasta la ejecución del tiro de apertura.

Ir más lento en momentos de presión debe acelerar el éxito de tu hijo.

47

VE SILBANDO HASTA LA CIMA

Respira, pensó Craig. *Sólo respira*. Él podía ver que el rostro de su hija Hilary estaba casi púrpura mientras trataba de contestar las preguntas en el concurso Junior Jeopardy en el colegio. Cuando el presentador le hacía una pregunta, Hilary aguantaba la respiración y hacía muecas mientras pensaba en la respuesta. Usualmente dotada en los juegos de preguntas y respuestas, Hilary titubeaba y rara vez contestaba alguna pregunta. Craig sabía que su hija se había asfixiado, tanto literal como metafóricamente, por la manera en que estaba respirando durante el concurso.

Hilary reaccionó bajo presión como la mayoría de las personas: tendemos a no respirar apropiadamente. Esta es una reacción natural en una situación que nos asusta. Cuando experimentamos ansiedad, nuestra reacción se vuelve más superficial y presurosa. Y en algunos casos, se puede detener por completo.

La consecuencia de la respiración poco profunda es una reducción en el oxígeno que va a nuestro cerebro. A su vez, podemos perder nuestra concentración y se reduce nuestra agudeza mental, como en el caso de Hilary. Esta respiración inapropiada también provocará que nuestros músculos se tensen y podemos perder la capacidad de controlar nuestro cuerpo. Más aún, la respiración superficial debido a la ansiedad puede restringir la circulación de sangre a las extremidades. Cuando esto ocurre, podemos perder nuestro sentido del tacto, lo que puede limitar considerablemente nuestra habilidad en los deportes o la música.

Si bien tus hijos saben cómo respirar, tal vez no lo hacen efectivamente. Los siguientes ejercicios ayudarán a los padres a enseñar a sus hijos a usar más oxígeno cuando están bajo presión y a evitar una respuesta de asfixia, literal o figurativa.

➪ Cuando estés bajo presión, respira hondo

Es posible que tu hija aguante la respiración o respire superficialmente cuando está bajo presión. Ninguna de las dos cosas funciona en esta situación. La clave es aprender cómo tomar algunas respiraciones profundas cuando enfrentamos una situación de presión.

Para ilustrar cómo respirar efectivamente, primero pídele a tu hija que coloque su dedo índice sobre su ombligo. Luego pídele que mueva su dedo tres pulgadas hacia arriba, sin dejar de tocarse el estómago. Después debe separar, aproximadamente media pulgada, el dedo de su estómago. Cuando inhala, su estómago debe tocar su dedo. Explícale que un respiro profundo debe sentirse así de grande. Además, sugiérele que mientras respira debe visualizar todo este aire beneficioso entrando a su cuerpo y llenando sus pulmones. Bajo presión, ella quiere asegurarse de estar inhalando suficiente oxígeno y respirando profundamente.

➪ Silba mientras juegas

Cuando estamos bajo presión, a veces se nos olvida respirar. El silbar es una buena estrategia para combatir este problema. Fuzzy Zoeller, el jugador profesional de PGA, hace esto durante su juego. Puedes oír a Fuzzy silbando su música por todo el *fairway*.

El silbar nos obliga a respirar profundamente. Cuando silbamos, el aire es impulsado hacia fuera para hacer el sonido, usando el diafragma, que es un músculo esencial para respirar profundamente. Los expertos recomiendan que las personas con dificultades respiratorias respiren al mismo tiempo que silban.

Sugiérele a tu hijo que silbe una melodía suave cuando siente presión. Tal vez puede silbar una canción bien corta mientras está en la línea de tiro libre. De hecho, un silbido corto puede ser parte de su rutina. O invítalo a musitar una melodía, lo que también estimulará la respiración profunda.

Ya sea que tu hijo tenga o no tenga música en él, simplemente asegúrate de que siga respirando cuando esté bajo presión.

48

ENCUENTRA SERENIDAD AHORA

Kim vio a su hija, Carla, gritándole a dos animadoras luego de su rutina de baile durante el tiempo de receso en un partido. Kim podía decir que Carla estaba perturbada y muy enojada. De camino a la casa, Kim le preguntó a su hija por qué estaba tan molesta.

Carla contestó: «Practicamos y practicamos y esas dos muchachas siempre cometen los mismos errores. Mamá, es realmente frustrante cuando soy la capitana. ¡Me hacen quedar mal!»

«Carla, sólo podemos controlar nuestra propia conducta», le dijo su mamá. «No podemos controlar a los demás. Simplemente prepara al equipo lo mejor que puedas y luego deja que todo caiga donde tenga que caer. Si lo haces, te aseguro que no te vas a enojar tanto».

Kim le estaba exponiendo a su hija una simple verdad: debemos concentrarnos sólo en las cosas que podemos controlar y olvidarnos de las que están fuera de nuestro control. Cuando hacemos esto, sentimos mucha más paz.

Este simple principio ayuda a estupendos atletas a encontrar paz dentro del caos. Así le pasó a Annika Sorestam durante una caótica semana en el 2003 cuando compitió contra los hombres en el torneo PGA.

Durante semanas antes del evento, Annika concedió muchas entrevistas en distintos programas de televisión, desde *The Late Show with David Letterman* hasta el *Today Show*. Todo el mundo quería saber por qué estaba compitiendo y si jugaría en el tour masculino permanentemente.

Durante la semana del evento en Fort Worth, los ojos del mundo estaban enfocados en ella. Los medios de comunicación llegaron de todas partes del mundo para cubrir esta historia. Sus conferencias de prensa tardaban horas en terminar. Los reporteros la bombardeaban con preguntas que iban desde su opinión sobre el campo de golf hasta si creía que podía cualificar para las finales. El mundo quería conocer la mente de Annika.

La presión era inmensa, por no decir mucho más. Annika mencionó que la presión era análoga a competir en los cuatro torneos más importantes del golf, pero en este caso, todos reunidos en uno solo.

Annika tiene un juego mental que es uno de los mejores en todos los deportes. Una de sus estrategias mentales para lidiar con la presión, y una que usó en Fort Worth, envuelve el enfocarse en las cosas que son controlables en el juego. Se enfoca en lo que puede controlar y descarta lo que no puede. Annika dice que una vez la pelota sale disparada del palo, ya deja de preocuparse por ella. Ella no puede controlar si la bola va a tomar un mal rebote o uno bueno, así que elimina esa preocupación de su mente.

Annika sabe intuitivamente que enfocarse sólo en las cosas que puede controlar en su vida reduce su nivel de estrés. Los psicólogos han descubierto que hay relación significativa entre los sentimientos de control y el nivel de estrés. Los individuos que perciben una situación como que está fuera de su control tienen niveles de ansiedad más altos que aquellos que creen que poseen algún nivel de control sobre el evento.

Ya sea que lo supiera o no, Annika usó una forma de la Oración de la Serenidad para reducir la presión durante el torneo PGA del 2003. Tal como dice esta oración, cuando puedes aceptar cualquier resultado y dejas ir los factores que están fuera de tu control, tales como tener malas interrupciones, vas a encontrar serenidad bajo presión. Aunque su juego fue fenomenal, Annika no pasó a finales por unos pocos golpes. No obstante, se ganó el respeto del mundo del golf.

Carla, como muchos otros niños, se beneficiaría si adopta el estilo de Annika y desarrolla una filosofía mental que siga la Oración de la Serenidad. Los siguientes ejercicios les ilustran a los padres cómo pueden ayudar a sus hijos a reducir su estrés y ansiedad practicando los principios de esta oración.

➡ Encuentra tu serenidad

Encontrar serenidad cuando estamos en un proceso de ejecución, requiere tres pasos. Primero, pídele a tu hijo que haga una lista de todas sus preocupaciones. Esta lista puede incluir la habilidad de aprobar un examen, tocar bien en la banda o anotar un gol en su partido de fútbol.

Luego, pídele que escriba sus preocupaciones en dos listas separadas: una lista para las cosas que puede controlar y otra para las que no puede controlar.

Discute con tu hijo cuales son las cosas que van en la lista «no puedo controlar». Por ejemplo, lograr caerle bien a una persona en particular está fuera de tu control. Sin importar lo que hagas, puede que no les caigas bien a algunas personas. Ganar también está fuera de tu control. El oponente puede ser superior o sentirse mejor ese día y, sin importar cómo tu hija juegue, tal vez no gane.

Para las preocupaciones que están en la lista «no puedo controlar», pídele a tu hija que piense como Annika. Anímala a que encuentre fuerza mental para aceptar aquellos factores sobre los que tiene un control limitado o no tiene ninguno. Estos factores deben ser aceptados y simplemente dejar de preocuparte por ellos.

Si tu hija piensa continuamente en estos «incontrolables», tal vez se beneficie de la herramienta mental descrita en ejercicio Borra la basura de tu mente, en la página 71.

Pídele que estruje el papel con la lista de preocupaciones incontrolables y que lo tire al cesto de basura. Cuando comience a pensar en estas preocupaciones, dile que se diga: «Un momento, eso ya lo tiré a la basura». Sugiérele que haga esto cada vez que la sorprendan estos pensamientos improductivos. Eventualmente, ella va a ser capaz de botar todas sus preocupaciones «incontrolables».

Ahora bien, llegamos a la parte del valor. Pídele a tu hija que diseñe una estrategia para combatir cada una de las preocupaciones que colocó en la lista «puedo controlar». Por ejemplo, si le preocupa que sus calificaciones sean lo suficientemente altas para lograr admisión a la universidad, una estrategia sería estudiar más o buscar un tutor. Si se preocupa por su apariencia, un programa de entrenamiento para ponerse en forma o unirse a un club deportivo puede ayudar. Seguir una estrategia específica para cada preocupación no sólo ayudará a tu hija a alcanzar las metas que desea, sino que también le dará un mayor sentido de control sobre la situación, y a la larga, reducirá su ansiedad.

Cuando tu hija aprenda a dejar ir los factores que no puede controlar y se enfoque sólo en los aspectos dentro de su control, va a descubrir serenidad en su vida.

49

ALCANZA LA EXCELENCIA RIÉNDOTE

En casi todas las escuelas secundarias, los estudiantes que son candidatos para la presidencia de su clase deben ofrecer un discurso ante la asamblea general del cuerpo estudiantil. Leslie era una de las candidatas. Para aquella ocasión especial, Leslie se compró un par de jeans nuevos y unas botas de tacón alto. Cuando escuchó su nombre para saludar a los estudiantes y ofrecer su discurso, avanzó por el escenario proyectando confianza, ansiosa por su oportunidad de ser escuchada. Lamentablemente, Leslie no sabía lo resbaloso que era el piso del escenario... y se resbaló y cayó sobre sus posaderas. Pasmada por unos segundos, así como estaba la audiencia, Leslie comenzó a reírse, lo que le dijo al público que ellos también podían reírse de su infortunio.

La directora le preguntó si estaba bien y la ayudó a ponerse de pie. Leslie caminó cautelosamente hacia el podio y sin pensarlo dos veces dijo: «Como pueden notar por eventos previos, siempre llego al fondo de las cosas» —mientras señalaba sus posaderas— «y voy a llegar al fondo de cualquier problema aquí en la Escuela Secundaria John F. Kennedy». Su discurso terminó con un estruendoso aplauso.

Un antiguo proverbio chino dice: «El tiempo que pasamos riéndonos es tiempo que pasamos con los dioses». Intuitivamente, Leslie sabe el poder de la risa. Al reírse de sí misma y trayendo humor al momento, Leslie se ganó a la audiencia. Es muy probable que los estudiantes no recuerden aquel discurso de aquí a unos años, pero seguramente recordarán la caída y la gracia con la que Leslie salió del aprieto.

Traer ligereza a un momento tenso también puede ayudar a aliviar el peso de la presión. El excelente mariscal de campo de los Cowboys de Dallas, Roger Staubach, conocía este principio y lo aplicó a su estilo ganador. En un momento cargado de tensión en los últimos quince minutos de un juego de campeonato de la NFC [Conferencia Nacional de Fútbol, por sus siglas en inglés], Roger fue hacia la línea lateral durante una pausa para recibir la siguiente jugada de parte de su entrenador, el legendario Tom Landry. Mientras Roger preguntaba por la jugada, vio a Coach Landry mirar hacia arriba, a través de la apertura en el techo del Estadio de Tejas. (El techo del estadio no está completamente cerrado, y la gente llama a la apertura «la mirilla de Dios»). Después de unos momentos, Coach Landry volvió a mirar hacia abajo y le dio la jugada a Roger. Justo entonces, Roger respondió: «Coach, siempre me había preguntado de donde recibía esas jugadas» y luego se fue corriendo hacia el campo de juego, riéndose por todo el camino. Roger redujo la tensión del momento con un poco de humor.

La risa, conocida como el remedio mundial, puede ser uno de los mejores antídotos de tu hijo para un mal día. Los científicos han descubierto que la risa libera hormonas, tales como las endorfinas, que son consideradas los narcóticos naturales del cerebro, dándote una sensación de euforia. En esencia, la risa puede provocar que tu hijo se sienta bien con respecto a un mal día.

Una buena risotada produce también una respuesta de relajamiento. Cuando te ríes, nuestro cuerpo ejecuta un trote interno: nuestra presión sanguínea incrementa, la frecuencia cardiaca aumenta y tenemos mayor tensión muscular. Luego de una carcajada, al igual que después de un trote, el cuerpo regresa a sus niveles fisiológicos normales después de unos momentos. Este efecto de recuperación causa una respuesta de relajamiento en nuestros cuerpos.

La risa también puede aumentar la productividad de tu hijo. Primero, la risa nos coloca en un buen estado anímico, y tendemos a poseer más energía cuando estamos de buen talante. Segundo, luego de una buena carcajada, es muy probable que aumenten las capacidades mentales de tu hijo, tales como los niveles de concentración y la habilidad de resolver problemas difíciles, ambas cosas esenciales para obtener buenas calificaciones en la escuela.

El poder de la risa puede ir mucho más allá que meramente aumentar los niveles de desempeño en tu hijo. La risa es una excelente medicina para su salud. En *Anatomy of an Illness as Perceived by the Patient* [La anatomía de una enfermedad según la percibe el paciente], Norman Cousins describió cómo se recuperó de una condición debilitante riéndose de sí mismo hasta alcanzar la salud. Norman recopiló una videoteca de comedias clásicas y veía esas películas una y otra vez. Su enfermedad desapareció, asombrando así a los doctores. Su libro y su historia ayudaron a crear un renovado respaldo hacia la risa como terapia.

La decisión es sencilla. Cuando se enfrenten a un momento difícil, tus hijos pueden escoger el camino fácil del coraje y darle una patada. Pueden deprimirse y enojarse con cada giro equivocado y cada episodio mala suerte. Como resultado, probablemente arruinen su día con estrés y a la vez, echen su salud por la borda.

Dados todos los beneficios de la risa, los padres deben promover fácilmente esta respuesta. He aquí algunas sugerencias para aumentar la risa en tu casa.

➪ Encuentra la risa

¿Sabías que los niños se ríen un promedio de cuatrocientas veces al día? Pero para el tiempo que llegan a la adultez, esto ha bajado a veinticinco veces por día. ¿Tu hijo se ríe mucho o ha perdido la risa como resultado de la seriedad de la vida?

Para encontrar más risa, pídele a tu hijo que cuente las veces que se ríe en un día (las risitas tontas cuentan). Pídele que lleve estos cálculos todos los días por una semana, luego compara su número con la norma. Si es muy baja, no te preocupes. Su risa debe ahora aumentar porque está más consciente de ello.

➪ Recopila tu propia videoteca del humor

Ya sean DVD o comedias en audio, recopila una fabulosa colección de comedias tal como hizo Norman Cousins. Proponte como meta de familia ver por lo menos una comedia a la semana. Cuando vayas en el auto con los chicos, pon una comedia en audio en lugar de escuchar música. La familia que ríe junta, permanece junta.

➪ Relaja tu mente con «Laughter Yoga»

Tal vez no haces ejercicios con tus hijos, pero puedes participar con ellos en una rutina diferente de ejercicio conocida como «Laughter Yoga»

[Yoga a carcajadas]. En este ejercicio, la gente se reúne y se obligan a reírse por cinco minutos. En un punto determinado, la gente usualmente comienza a chillar de alegría. ¡Los resultados te encantarán! Y este ejercicio no sólo beneficiará a tus hijos, el ejercicio es muy relajante para los padres también.

Cuando los padres promueven la perspectiva de la risa, sus hijos encontrarán un gran disfrute en sus vidas y hasta puede que vivan más como resultado.

50

TERMINA LLENO DE FUERZA

En 1964, Billy Mills vivió una de las llegadas más espectaculares en la historia de las Olimpiadas. La mayor parte de su carrera de 10.000 metros, Billy la corrió en tercer lugar. Cuando estaba en la última vuelta, se dijo a sí mismo que el tercer lugar y una medalla de bronce era suficiente. Sin embargo, algo hizo clic en su interior... y comenzó a escuchar su voz de campeón.

Durante los años previos a la carrera, Billy había entrenado su voz de campeón. Billy, un amerindio que quedó huérfano a los doce años y que creció en una reservación, ganó una beca de atletismo para estudiar en la Universidad de Kansas. Allí obtuvo varios títulos y ayudó a su equipo a ganar dos campeonatos nacionales. Luego de graduarse, se unió a la infantería de marina y abandonó las carreras por algún tiempo.

Sin embargo, nunca perdió su deseo de ser un campeón. Durante muchos años antes del gran evento, escribió muchas declaraciones positivas en su diario. Algunas de estas oraciones se enfocaban en sentirse maravillosamente bien en el día de la carrera mientras que otras relataban un fantástico arribo a la meta. Con gran determinación y compromiso con su causa, se había preparado a sí mismo mentalmente sólo para esta carrera.

Cuando entró en la última vuelta, decidió que un tercer lugar no era suficiente y comenzó a pensar: *Puedes ganar, puedes ganar, puedes ganar.* Con estas palabras llegó una asombrosa fuente de energía. Bill les pasó a sus dos competidores en los últimos veinte metros, terminando en la cima del podio, con la presa dorada.

Si bien es cierto que la jornada de Billy tuvo muchos cambios inesperados, él tenía el «sé cómo hacerlo» y la determinación para terminar lleno de fuerza. Su jornada le llevó a la cúspide de su juego.

Este libro puede ser el comienzo de una maravillosa jornada para ti y para tus hijos. Es una jornada de sueños. Una vez el camino está limpio, los pasos son fáciles.

Es una jornada de cambios. El cambio es difícil y exige valentía. Pero casi todos los logros en la vida exigen un poco de valentía.

Es una jornada de excelencia. La excelencia requiere esfuerzo, determinación y sacrificio. Piensa en este libro como una guía. Léelo una y otra vez; una vez tal vez no es suficiente. Hay muchas destrezas en este libro que requieren tiempo y paciencia para dominar. Pero una vez se adquieren, estas destrezas te ayudaran a capacitar a tus hijos a alcanzar el máximo de su potencial.

Te dejo con estas sencillas palabras para que las compartas con tus hijos en su ruta a la excelencia:

Encuentra tu pasión.
Crea el camino.
Haz el compromiso.
Disfruta la jornada.

REFERENCIAS

Introducción
Woods, Earl, y Fred Mitchell. *Playing Through*. Nueva York: HarperCollins, 1998.

Capítulo 1
Berra, Yogi. *The Yogi Book*. Nueva York: Workman Publishing, 1999.
Covey, Stephen R. *Grandeza para cada día*. Nashville: Grupo Nelson, 2006.
Reeve, Christopher. *Nothing Is Impossible: Reflections on a New Life*. Audiolibro.
    Nueva York: Simon & Schuster, 2002 [Todo es posible (Barcelona: El Aleph,
    2003)].

Capítulo 3
Armstrong, Lance, y Sally Jenkins. *It's Not about the Bike*. Nueva York: Penguin
    Group Publishing, 2001.
Bascomb, Neal. *The Perfect Mile*. Nueva York: Houghton Mifflin Company, 2004.
Canfield, Jack. *Los principios del éxito*. Nueva York: Rayo, 2005.

Capítulo 4
Gwynn, Tony. *The Art of Hitting*. Nueva York: GT Publishing, 1998.

Capítulo 5
Dalton, Kathleen. "The Self-Made Man." *Time*, 3 julio 2006, pp. 56-57.

Capítulo 6
Chungliang Al Hung, y Jerry Lynch. *Thinking Body: Dancing Mind*. Nueva York:
    Bantam Books, 1992.
Dorfman, Harvey. *Coaching the Mental Game*. Lanham, MD: Taylor Trade, 2003.
Jackson, Phil. *Canastas sagradas: Lecciones espirituales de un guerrero de los tableros*.
    Badalona, España: Paidotribo, 2003.
Mack, Gary. *Mind Gym*. Nueva York: McGraw Hill, 2001.

Capítulo 7
Robbins, Tony. *Unlimited Power*. Nueva York: Simon & Schuster, 1997.
Rosenthal, R., y L. Jacobsen. *Pygmalion in the Classroom*. Nueva York: Holt,
    Rinehart & Winston, 1968.
Steinberg, Gregg. *MentalRules for Golf*. Nashville: Towlehouse Publishing, 2003.

Capítulo 8
Kriegel, Robert. *Si no está roto rómpalo*. Barcelona: Gestión 2000, 2001.

Capítulo 9
Goldberg, Alan. *Sport's Slump Busting*. Champaign, IL: Human Kinetics, 1998.
Maxwell, John. *El lado positivo del fracaso*. Nashville: Grupo Nelson, 2000.

Capítulo 10
Maltz, Maxwell. *The New Psycho-Cybernetics*. Nueva York: Penguin Putnam, 2001.
Thomas, Marlo. *The Right Words at the Right Time*. Nueva York: Atria Books, 2004.
Wade, Don. *And Then Justin Told Sergio*. Nueva York: Contemporary Books, 1998.

Capítulo 11
Ungerleider, Steven. *Quest for Success: Exploring the Inner Drive of Great Olympic Athletes*. Waco, TX: WRS Publishing, 1994.
Weinberg, Robert, y Dan Gould. *Fundamentos de psicología del deporte y del ejercicio físico*. Barcelona: Ariel, 1996.
Woods, Tiger. *Así juego al golf*. Barcelona: Ediciones B, 2002.

Capítulo 12
Coop, Richard. *Mind Over Golf*. Nueva York: Simon & Schuster, 1993.
Dorfman, Harvey. *Coaching the Mental Game*. Lanham, MD: Taylor Trade, 2003.
Kriegel, Robert. *Si no está roto rómpalo*. Barcelona: Gestión 2000, 2001.

Capítulo 13
Loehr, James E. *Stress for Success*. Nueva York: Three Rivers Press, 1997.

Capítulo 14
Israel, Paul. *Edison: A Life of Invention*. Nueva York: John Wiley, 1998.
Seligman, Martin. *Learned Optimism*. Nueva York: Simon & Schuster, 1998.
Stolz, Paul. *Adversity Quotient*. Nueva York: John Wiley, 1997.

Capítulo 15
Loehr, James E. *The New Mental Toughness Training*. Nueva York: Putnam Penguin, 1991.

Capítulo 16
Feller, Bob, con Burton Rocks. *Bob Feller's Little Black Book of Baseball Wisdom*. Nueva York: Contemporary Books, 2001.
McCallum, Jack. "The Rebounding Menace." *Sports Illustrated*, 27 enero 1992, pp. 54-56.

Capítulo 17
Kriegel, Robert. *Si no está roto rómpalo*. Barcelona: Gestión 2000, 2001.
Wegner, Daniel. "Ironic Processes of Mental Control." *Psychological Review* 101 (1994): pp. 34-52.

Capítulo 18
Lowe, Janet. *Michael Jordan, lecciones de éxito para la vida*. Ciudad de México: Selector, 2001.

Capítulo 19
Maltz, Maxwell. *The New Psycho-Cybernetics*. Nueva York: Penguin Putnam, 2001.
Rotella, Bob, y Brad Faxon. *Putting out of Your Mind*. Nueva York: Simon & Schuster, 2002.

Capítulo 20
The Ultimate Athlete. Video del Discovery Channel, 1996.
Thomas, Marlo. *The Right Words at the Right Time*. Nueva York: Atria Books, 2004.

Capítulo 21
Ballesteros, Seve, y John Andrisani. *Seve Ballesteros: Natural Golf.* Nueva York: Macmillan Publishing, 1988.
Gelb, Michael. *Discover Your Genius*. Nueva York: HarperCollins, 2002.
Steinberg, Gregg. *MentalRules for Golf.* Nashville: Towlehouse Publishing, 2003.

Capítulo 24
Kriegel, Robert. *Si no está roto rómpalo*. Barcelona: Gestión 2000, 2001.
Naber, John. *Awaken the Olympian Within*. Nueva York: Griffith Publishing, 1998.
Thomas, Marlo. *The Right Words at the Right Time*. Nueva York: Atria Books, 2004.
Weinberg, Robert, y Dan Gould. *Fundamentos de psicología del deporte y del ejercicio físico*. Barcelona: Ariel, 1996.

Capítulo 25
Andrews, Andy. *Storms of Perfection*. Nashville: Lightning Crown Publishing, 1996.
Colvin, Geoffrey. "Twelve Peak Performers." *Fortune*, 30 octubre 2006, pp. 104-122.
Dorfman, Harvey. *The Mental Game of Baseball*. South Bend, IN: Diamond Communications, 1989.
Gardner, Howard. *Mentes extraordinarias*. Barcelona: Kairós, 2005.
Schleier, Curt. "Leaders and Success." *Investors Business Daily*, 13 agosto 2004, A3.

Capítulo 26
Hershiser, Orel, con Robert Wolgemuth. *Between the Lines: Nine Principles to Live By*. Nueva York: Warner Books, 2001.
McEnroe, John. *You Cannot Be Serious*. Nueva York: Penguin Group, 2003.

Capítulo 27
Johnson, Michael. *Slaying the Dragon*. Nueva York: Smithmark Publishers, 1997.

Capítulo 28
Colvin, Geoffrey. "Twelve Peak Performers." *Fortune*, 30 octubre 2006, pp. 104-122.
Maltz, Maxwell. *The New Psycho-Cybernetics*. Nueva York: Penguin Putnam, 2001.
Steinberg, Gregg. *MentalRules for Golf.* Nashville: Towlehouse Publishing, 2003.
Thomas, Marlo. *The Right Words at the Right Time*. Nueva York: Atria Books, 2004.

Capítulo 29
Campbell, Joseph. *Pathways to Bliss*. Navato, CA: New World Library, 2004.
Greenberg, Jerold. *Comprehensive Stress Management*. Nueva York: McGraw Hill, 2004.
Kriegel, Robert. Tenga éxito en los negocios sin matarse en el intento. Norma, 2003.

Capítulo 30
Alexander, Amy. "Writing Out of the Box." *Investors Business Daily*, 20 octubre 2004.

Coop, Richard. *Mind Over Golf.* Nueva York: Simon & Schuster, 1993.

Capítulo 31
Andrews, Andy. *Past Premiere Performances. Colección audio de* CD. Lightning Crown
    Publishing, 2004.
Colvin, Geoffrey. "Twelve Peak Performers." *Fortune*, 30 octubre 2006, pp. 104-
    122.
Williams, Pat. *How to Be Like Mike.* Deerfield Beach, FL: Health Communications
    Inc, 2001.

Capítulo 32
Bradley, Bill. *Values of the Game.* Nueva York: Broadway Books, 1998.
Greenberg, Jerold. *Comprehensive Stress Management.* Nueva York: McGraw Hill,
    2004.

Capítulo 33
Bradley, Bill. *Values of the Game.* Nueva York: Broadway Books, 1998.
Kelly, Matthew. *The Rhythm of Life.* Nueva York: Fireside, 2004.
King, Larry. *My Dad and Me.* Nueva York: Random House, 2006.
Lebell, Sharon. *Un manual de vida.* Palma de Mallorca, España: José J. de
    Olañeta, 2004.
Mack, Gary. *Mind Gym.* Nueva York: McGraw Hill, 2001.
Schwarzenegger, Arnold. *Arnold: The Education of a Body Builder.* Nueva York:
    Simon&Schuster, 1993.

Capítulo 34
Gilbert, Brad. *Winning Ugly.* Nueva York: Simon & Schuster, 1994.

Capítulo 35
Maxwell, John. *Cómo ganarse a la gente.* Nashville: Grupo Nelson, 2005.
Woods, Earl, y Fred Mitchell. *Playing Through.* Nueva York: HarperCollins, 1998.

Capítulo 36
Gelb, Michael. *Discover Your Genius.* Nueva York: HarperCollins, 2002.
Romm, Ronald. Vanderbilt University. Comunicación personal, septiembre 2006.
Ungerleider, Steven. *Quest for Success: Exploring the Inner Drive of Great Olympic
    Athletes.* Waco, TX: WRS Publishing, 1994.

Capítulo 38
Insel, Paul, y Walton Roth. *Core Concepts in Health.* Nueva York: McGraw Hill,
    2002.
Kriegel, Robert. *Si no está roto rómpalo.* Barcelona: Gestión 2000, 2001.
Loehr, James E. *Stress for Success.* Nueva York: Three Rivers Press, 1997.

Capítulo 39
Andrews, Andy. *El regalo del viajero.* Nashville: Grupo Nelson, 2004.
Hamm, Mia. *Winners Never Quit!* Nueva York: HarperCollins, 2006.

Capítulo 40
Thomas, Marlo. *The Right Words at the Right Time*. Nueva York: Atria Books, 2004.

Capítulo 41
Bradley, Bill. *Values of the Game*. Nueva York: Broadway Books, 1998.
Kriegel, Robert. *Si no está roto rómpalo*. Barcelona: Gestión 2000, 2001.
Love, Davis, III. *Every Shot I Take*. Nueva York: Simon & Schuster, 1997.

Capítulo 42
Covey, Stephen R. *Grandeza para cada día*. Nashville: Grupo Nelson, 2006.
Steinberg, Gregg. "Pine Tar Nation." Tennessean.com, 30 octubre 2006.
Weinberg, Robert, y Dan Gould. *Fundamentos de psicología del deporte y del ejercicio físico*. Barcelona: Ariel, 1996.

Capítulo 43
Carlson, Rolf. "The Socialization of Elite Tennis Players in Sweden." *Sociology of Sport Journal* 5 (1988): pp. 241-256.
Gelb, Michael. *Discover Your Genius*. Nueva York: HarperCollins, 2002.
Gregory, Andrew. Vanderbilt Sports Medicine. Comunicación personal, 2006.

Capítulo 44
Kushner, Harold. *When Everything You Wanted Isn't Enough*. Nueva York: Simon & Schuster, 1986.
Weinberg, Robert, y Dan Gould. *Fundamentos de psicología del deporte y del ejercicio físico*. Barcelona: Ariel, 1996.

Capítulo 45
Covey, Stephen R. *Grandeza para cada día*. Nashville: Grupo Nelson, 2006.
Horn, Thelma. *Advances in Sport Psychology*. Champaign, IL: Human Kinetics, 1994.
Player, Gary. *The Golfer's Guide to the Meaning of Life*. Emmaus, PA: Rodale, 2001.
Prabhu, Saritha, "Peace Prize Winner Yunus Exemplifies a Life Well-Spent." *Tennessean*, 23 octubre 2006.

Capítulo 47
Parent, Joseph. *Zen Golf*. Nueva York: Doubleday, 2002.

Capítulo 48
Steinberg, Gregg. *MentalRules for Golf*. Nashville, TN: Towlehouse Publishing, 2003.

Capítulo 49
Loehr, James E. *The New Toughness Training for Sports*. Nueva York: Putnam Penguin, 1991.
Lynch, Jerry. *Creative Coaching*. Champaign, IL: Human Kinetics, 2001.
Seward, Brian. *Managing Stress*. Sudbury, MA: Jones & Bartlett, 2006.

Capítulo 50
The Ultimate Athlete. Video del Discovery Channel, 1996.

Acerca del Autor

Gregg Steinberg, PhD es profesor asociado en psicología deportiva en la Universidad Austin Peay State. Como médico y reconocido orador internacional en este campo, es un frecuente colaborador en Fox News, CNN Headline News y el Golf Channel. Es autor de *MentalRules for Golf* [Las reglas mentales del golf] así como editor asociado del *Journal of Sport Behavior*. El doctor Steinberg es el psicólogo deportista principal para la Federación de Maestros de Golf de Estados Unidos y ha sido consultor para muchos equipos de universidades y atletas profesionales en el tema del juego mental. Steinberg vive en Nashville, Tennessee. Si quieres participar de uno de los seminarios en inglés Lecciones de Vuelo o discutir un programa de juego mental para tu hijo, puedes enviarle un email a mentalrules24@msn.com, llamar al 931.206.1328 o visitar www.mentalrules.com y www.corporatechampionconsulting.com.